基于绿色消费视角的城镇资源优化配置研究

徐华亮 著

中国社会科学出版社

图书在版编目（CIP）数据

基于绿色消费视角的城镇资源优化配置研究/徐华亮
著.—北京：中国社会科学出版社，2017.2
ISBN 978-7-5161-9918-3

Ⅰ.①基… Ⅱ.①徐… Ⅲ.①城镇—资源配置—研
究—中国 Ⅳ.①F299.2

中国版本图书馆 CIP 数据核字（2017）第 037913 号

出 版 人	赵剑英
责任编辑	刘晓红
责任校对	周晓东
责任印制	戴 宽

出 版	中国社会科学出版社
社 址	北京鼓楼西大街甲 158 号
邮 编	100720
网 址	http：//www.csspw.cn
发 行 部	010-84083685
门 市 部	010-84029450
经 销	新华书店及其他书店

印刷装订	北京君升印刷有限公司
版 次	2017 年 2 月第 1 版
印 次	2017 年 2 月第 1 次印刷

开 本	710×1000 1/16
印 张	11
插 页	2
字 数	165 千字
定 价	42.00 元

凡购买中国社会科学出版社图书，如有质量问题请与本社营销中心联系调换
电话：010-84083683

目　录

第一章　绿色消费概述 ……………………………………………… 1

  第一节　绿色消费初探 …………………………………………… 1

  第二节　倡导绿色消费理念 ……………………………………… 11

  第三节　促进消费结构升级 ……………………………………… 15

  第四节　构建绿色消费模式 ……………………………………… 22

第二章　城镇资源优化配置研究 ………………………………… 30

  第一节　城镇建设中资源优化配置的必要性 …………………… 30

  第二节　城镇化建设与区域资源配置 …………………………… 41

  第三节　城镇化建设资源配置原理研究 ………………………… 45

  第四节　城镇化建设资源配置途径研究 ………………………… 52

第三章　绿色消费与城镇资源优化配置研究 …………………… 56

  第一节　绿色消费空间与城镇发展的耦合互动关系 ………… 56

  第二节　绿色消费空间的生产的内在逻辑 ……………………… 61

  第三节　绿色消费空间生产的新范式 …………………………… 67

第四章　绿色消费城镇资源配置案例 …………………………… 72

  第一节　美国城镇发展的结构性平衡 …………………………… 72

  第二节　英国伦敦城镇发展的低碳先行策略 …………………… 80

  第三节　深圳绿色发展的坪地模式 ……………………………… 83

第五章　绿色消费视角下城镇资源配置的环境分析 ················ 93

　　第一节　绿色消费视角下城镇资源配置的优势分析 ········ 93

　　第二节　绿色消费视角下城镇资源配置的劣势分析 ········ 98

　　第三节　绿色消费视角下城镇资源配置的机会分析 ········ 106

第六章　绿色消费视角下城镇资源优化配置提升策略 ··········· 130

　　第一节　绿色消费视角下城镇资源优化配置的基本原则 ··· 130

　　第二节　绿色消费视角下城镇资源优化配置的发展重点 ··· 134

　　第三节　绿色消费视角下城镇资源优化配置的对策建议 ··· 139

附件　相关行业政策 ··················· 148

　　附件一　关于促进绿色消费的指导意见 ·········· 148

　　附件二　国务院关于深入推进新型城镇化建设的

　　　　　　若干意见 ·················· 154

参考文献 ························ 166

第一章　绿色消费概述

第一节　绿色消费初探

一　绿色消费的内涵、特征与分类

（一）绿色消费的内涵

"绿色经济"是全球经济发展的最佳模式之一，它包括经济发展各个环节的绿色化，即低能耗高利用、低污染高安全，其中绿色消费是其重要环节（这里的消费是指生活性消费而非生产性消费）。消费在经济发展过程中有着承上启下的作用：消费既是生产的最终目的，又是再生产新的需求起点。绿色消费通过现实消费需求引导着低碳生产的方向，同时又通过消费市场上消费需求的有效实现进一步推动绿色生产的可持续发展。绿色消费直接满足居民的生态需求，改善居民的生活质量，提高国民素质，促进经济社会协调发展。

国外学者在绿色消费领域进行了大量的研究，主要基于三个视角：一是基于消费者角度的绿色消费研究。研究主要集中在价值观（Steel，1999）、环境态度（Straughan and Roberts，1999）、生活方式（Kinnear、Taylor and Ahmed，1999）、环境知识（Chan，2001）以及人口统计学变量（Antil，1984；Zimmer，1994）对生态消费的影响。二是基于企业角度的绿色消费研究。主要是研究市场营销观念与消费者行为互动关系，分析产品信息（Efthimia，2008）、产品价格（Gilg、Barr and Ford，2005）、生态标志（Carlson，1993）、生态广告（Lyer，1995）、生态品牌（Hartmann，2005）、企业形象（Clare、Mehdi，2006）对于消费者在购买生态产品时的影响。三是基于社会文化角度的绿色消费研究。相关的研究主要从价值观（Larouche，2001）和主观规范（Kaman Lee，2008）方面展开。他们分别认为，只有集体主义和安全两个价值观对溢价绿色购买意图有显著的直接影响；一个环境友好型的形象能激励寻求身份认同。

基于资源供给性约束日益趋紧和生态环境不断恶化的发展态势，国内学者从消费者视角开展资源环境问题的相关研究越来越多，且研究方法由定性分析逐渐转向定性与定量相结合的分析和探讨。这方面的研究大多体现在通过对可持续消费（杨家栋、秦兴方，1997；耿莉萍，2004）、适度消费（俞海山，2002）、合理消费（傅家荣，1998）、低碳消费（冯之浚、金涌、牛文元，2009；何建坤，2010）等方面的相关论述来分析消费行为的变化对资源环境的影响作用。在培养自我的环保意识成为现代社会对每一个公民的基本要求下，部分学者也开始关注青年群体的绿色价值取向（闫缨、谢恩·法吉，2008；孟凡周，2010；王伟、蒲丽娟，2011），然而只有为数不多的研究关注社会结构和文化环境变迁条件下，青年群体生态消费行为的研究（李宁，2012），尽管青年群体消费模式的变化已经引发了一些描述性的研究（刘笑菊，2013）。中国消费者协会于2001年提出了绿色消费概念的三层含义，即鼓励消费者选择未被污染或对健康有益的绿色产品；在消费过程中合理处置垃圾；引导消费观念的转变，鼓励在追求健康、舒适的同时，重视环保、节约资源，实现可持续性消费。

绿色消费含义包括五个层次：一是"恒温消费"，消费过程中温室气体排放量最低；二是"经济消费"，即对资源和能源的消耗量最小，最经济；三是"安全消费"，即消费结果对消费主体和人类生存环境的健康危害最小；四是"可持续消费"，对人类的可持续发展危害最小；五是"新领域消费"，转向消费新能源，鼓励开发新低碳技术、研发低碳产品，拓展新的消费领域。主要涉及消费者、消费对象、消费过程、消费结果等几个要素。与传统消费相比差别主要体现在：一方面，强调消费者具有较强的社会责任意识；消费对象具有消耗材料少等环境保护特征；消费过程与环境友好；消费结果易于处理和循环。另一方面，绿色消费的实践依赖于产品或服务的绿色设计和生产。绿色消费是指消费者基于环境和社会的高度责任和意识，以人与环境和谐为价值取向，把保护生态环境和消费者健康作为宗旨，并且在消费后的废弃物处理上遵循节约、科学、健康、环境友好、可持续的理念，选择有利于环境保护的产品或服务各种消费行为。

（二）绿色消费的特征

表1–1　　　　　　　　　　绿色消费与传统消费的比较

	绿色消费	传统消费
消费者社会责任	高	低
产品或服务的资源消耗	小	大
废弃物产生与排放量	少	多
产品质量与耐用性	优质、耐用	劣质、易损
购买次数	少	多
对自身健康、对环境影响、对社会影响	利于健康、环境友好、促进公平	不利于健康、对环境有害、有失公平
对可持续发展影响	支持可持续发展	危害可持续发展

已有学者对绿色消费行为领域进行了大量的研究，并从不同视

角探讨了绿色消费，涉及的变量也相当繁杂，下面将就现有研究中提及频率较多、影响较大的各种绿色消费特征加以综述。

（1）适应于国情国力，生产发展水平和自然资源要求的"适度消费"。合理与适度的消费原则，"是对人类与自然相互依存、相互制约辩证关系的深刻意识和把握，是对消费主义文化的扬弃，是对追求消费增长的限制，是人类在更高层次上对自身消费活动的理性约束和规范，是对未来生态文明时代人类消费活动的基本原则，在"两型社会"建设过程中不可或缺的原则"。合理性原则就是要求各个层次的消费者都能根据自己的实际需要，本着高度的责任感合理地消费，严格控制自己所消费的物品的数量及质量。只有合理消费才能保障资源的长期供给、人类健康的生活，才能实现人与人、人与自然的共存与发展；只有合理消费才能呈现中华民族的价值观，凸显礼仪之邦的伟大形象。适度性原则追求的目标是需求与消费相适应，人的消费要根据人的实际需求的量进行消费，其消费的尺度绝不能大于基本生活需求。人在制定需求目标时首先要考虑消费物品的数量及质量，是否为基本生活必需品，严格控制一个"度"的范围内；其次还要考虑地球及生态系统承载能力，积少成多、水滴石穿这道理浅显易懂。适度消费介于过度消费与消费不足中间，其尺度也是很难把握的，它反对奢侈消费，它倡导的是健康理性的有节制的消费。适度性就要控制人用追求物质的消费来满足内心的欲望与虚伪，通过对物的消费来彰显自己是庸俗的，学会通过精神世界的追求得到幸福的快感。主张适度消费的原则是以提高和完善人类的生活质量为目的，精神更加愉悦，让人感觉生活更加舒适、美好与幸福。在"两型社会"建设的消费中，只有遵循合理与适度的消费原则，才能保证消费的正当性，保证人类的正当利益和有序的生活，提高人的精神文明，促进人的素质的提升，改变非理性消费的行为，实现永续的消费。

（2）满足当代人和后代人之间的福利和资源分配需求"代际公

平消费"。可持续发展，在充分考虑消费者自身利益的同时也考虑下一代生存的权利。代际消费公平就是消费的代际公平，是指当代人在考虑自己的消费需求的同时，也要对未来各代人的需求与消费负起历史的责任，当代人的消费不能牺牲后代人生存和发展的利益。首先，坚持代际整体和谐原则。和谐是当今人类社会所追求的重要目标，并日益凸显为现代伦理学、社会学等学科理论的一个重要原则。和谐就是要人与人之间、人与其他生物之间、人与所有存在之间以及所有存在相互之间的关系融洽相处、互动共生。其次，坚持代际整体和谐原则。要实现代际消费公平，就不能把生存与发展割裂开来，而应将其内在地有机结合起来，对人生存的意义与发展的作用做整体长远的考虑。资源的开发是现实性的，但为了代与代之间的生存能够继续延展下去，对资源的开发必须考虑非现实的未来人的发展问题。所以发展必须走进人的历史、走进人类历史、走进物种历史，考虑其发展的跨时空因素，考虑自身与下一代、下一代与下下一代之间的共同发展问题。这就提醒我们要正确地理解和处理人类生存与发展的关系，要体现代际消费公平，就必须实现生存与发展的相互协调、共容共生。最后，坚持责任与制度相结合的原则。由于代际消费公平涉及主体为当代人和未来各代人，尽管人们提到人类整体主义的发展观，要对未来人负责，做未来人权利的"代言人"，但是在实践中由于未来世代的尚不在场，人们向自然的贪婪索取和及时行乐的生活态度，明显表现出对人类后代的漠不关心。未来各代其被"预支"的权利势必在被代理中变成现代人的"主观任意"。因此，在处理代际关系中，当代人不但需要树立对后代人的责任意识，同时也需要一定的制度来保障。代际消费关系公平的形成与确立，要受到社会制度的规范与调节，社会制度成为社会代际关系选择与确立的保障力量，代际消费公平的保障前提是社会法律制度的规范和健全。

（3）实现消费增长、经济发展与资源环境的良好互动需要"责任消费"。所谓"责任消费",一般是指具有社会责任感和公民意识的消费者,自觉将自身消费与国家经济发展、社会文明进步及社会责任履行相联系。责任消费既包含了消费者对自己负责的内容,也包括了消费者对国家、社会、环境负责的内容。因此,倡导和实施"责任消费",不仅仅是消费者个人的事情,而且还是全社会的共同事业,应协调各方,联合行动,多措并举,共同推进。首先,广大生产厂家和商家,应该了解企业社会责任知识,增强企业社会责任意识,积极顺应企业社会责任和"责任消费"的时代潮流,积极转变发展模式,加强技术创新和产品开发,提供更多、更好的符合"责任消费"要求的产品和服务项目,来适应广大消费者的需求。同时,坚持诚实信用的商业道德,并向消费者开展消费指导,传播消费知识,引导消费者科学消费。其次,新闻媒体和舆论宣传界应通过各种途径和方式,向全社会大力传播"责任消费"的有关知识,宣传消费者进行"责任消费"和经营者进行"责任经营"的优秀案例,充分发挥其示范作用,同时,积极揭露那些不负责任的生产经营行为和消费行为,做好舆论引导工作。在这方面,各级消费者协会可积极与媒体合作,开展"责任消费者""责任消费案例"等评选活动,推动和指导"责任消费"活动的健康发展。最后,行政机关和司法机关要运用法律赋予的权力,强化对市场商品和服务的监督检查。通过严格的行政执法和司法活动,净化社会消费环境,让消费者放心、舒心地消费,把蕴藏在广大消费者中的巨大消费能量释放出来,促进国民经济的持续健康发展。要进一步完善消费政策和信贷、货币政策,对积极履行社会责任的消费者和经营者加大政策鼓励力度。要加强对倡导责任消费工作的领导和指导,正确处理倡导"责任消费"与分类指导、尊重消费者选择权的关系,不得强行干预消费者的选择权和购买权,以保证这项工作健康进行。

（三）绿色消费的分类

表 1 - 2　　　　　　　　　　　绿色消费的分类

类别	指标	备注
绿色消费认知	居民对绿色消费领域的关注情况；居民对绿色消费知识和信息的学习、获取情况；居民对绿色消费基本含义的把握情况；居民对绿色消费的背景、目的及意义的把握情况；居民对绿色产品及其标识的辨认情况；居民对绿色消费生活常识的熟知情况	居民对绿色消费领域的关注情况与对绿色消费知识和信息的学习、获取情况，是居民绿色消费认知水平的浅层体现与反馈；居民对绿色消费基本含义的把握情况与对绿色消费的背景、目的及意义的把握情况，是居民绿色消费认知水平的深层体现与反馈；居民对绿色产品及其标识的辨认情况与对绿色消费生活常识的熟知情况，是居民绿色消费认知水平的具体体现与反馈。因此，所选取的指标间有由浅入深、由抽象到具体的内在关联，从而可以从不同的层面、不同的角度对居民绿色消费认知水平进行全面、科学的评价
绿色消费态度	居民绿色消费态度水平指标包含6个指标，分别为：居民对绿色消费生活方式的认同状态；居民对非绿色消费行为的反省状态；居民对绿色产品及其标识的信任状态；居民对绿色消费推广与普及的支持程度；居民对绿色消费的实现所持的信念状态；居民绿色消费意愿与期望的状态	前4项指标是居民绿色消费态度水平的静态体现与反馈，即对现实情况的反映；后2项指标是居民绿色消费态度水平的动态体现与反馈，即对未来展望的反映。因此，所选取的指标间有动静结合的内在关联，显现出一定的弹性特征
绿色消费行为	消费过程中的环保践行情况；绿色产品购用频率情况；消费过程中能源与物资的节约情况；废旧生活用品的重复利用情况；生活垃圾的回收与循环利用情况；绿色消费的宣传与推广情况	前5项指标是依据绿色消费5R原则来选取的，分别对应5R原则中的"保护自然，万物共存""绿色生活，环保选购""节约资源，减少污染""重复使用，多次利用""分类回收，循环再生"。而第6项指标所指的宣传与推广的内容即指前5项指标所确定的内容，也属于行为范畴

二　绿色消费的作用及机制

（一）绿色消费的作用

坚持绿色消费原则，有利于转型性发展。我国正处在转型攻坚的关键时期，在转型发展中建设美丽既是美好愿景，又是现实课题。绿色经济已成为我国经济发展、结构调整的重要导向，也是区域加快发展、加快转型的动力引擎。目前，我国正在按照"四个全面"的战略布局，努力让产业结构变"轻"、发展模式变"绿"、经济质量变"优"，实现"绿水青山"与"金山银山"相得益彰，绿色消费原则可以成为环境保护与经济增长的平衡点：绿色消费原则可以倒逼结构调整、促进产业升级，推动加快转型。因此，必须牢固树立"转型发展、绿色消费"理念，正确处理好环境保护与经济发展的关系，在发展中促转型、在转型中谋发展，坚定不移地推进经济结构调整和发展方式转变。

坚持绿色消费原则，有利于系统性发展。绿色社会建设是一项系统工程，体现了党的十八大和十八届三中、四中、五中全会精神，反映了绿色发展理念和社会主义核心价值观要求，拓展了建设生态文明中国总目标的丰富内涵。生态中国建设应与可持续发展的原则有机结合，系统统筹兼顾经济增长、社会发展、资源节约、环境保护等目标，在发展观念上摒弃重"显绩"、轻"潜绩"，重资源开发、轻环境保护，重当前利益、轻长远打算；让可持续的生活方式和消费模式，成为每个人的自觉行动，真正渗透到人们的思想观念、行为方式和生活习惯之中，给子孙后代留下更多发展资源。

坚持绿色消费原则，有利于人本发展。建设美丽中国，是谱写全国人民幸福美好生活新篇章的现实需要，如何驱散天空中弥漫的雾霾，如何让老百姓喝上干净水、呼吸上新鲜空气、吃上放心食品，已成为人民群众的热切期盼。建设美丽中国就是强调人与自然的和谐、人与社会的和谐、人与人的和谐，最终形成健康文明的生活方式与和谐的社会成员关系。绿色的人本消费原则强调的是消费公平与消费效率的统一，这样有利于化解经济社会发展中的利益冲突，形成和谐的氛围。因此，绿色人本的消费原则在提升人的幸福指数和实现人的全面发展，强调人消费需求的多样化和人性的丰富性，满足人的物质需求和精神需求，实现人的全面发展，建设和谐美丽等方面发挥着重要作用。

（二）绿色消费的作用机制

资源节约和环境友好，既是对社会成员个人商品消费的要求，也是对整个绿色消费的要求，更是对这两个方面的综合性要求。绿色消费要求商品消费实现资源节约和环境友好的要求和标准，由于消费是关系到全体社会成员生存发展的基本活动，只有全体社会成员都坚持资源节约和环境友好的要求和标准，并以此来选择自己消费的商品，而不选择那些未达到资源节约和环境友好标准的商品，那么，达到资源节约和环境友好标准的商品就会成为适应市场需求的商品，其市场需求会不断提高，而未达到资源节约和环境友好标准的商品成为违背市场需求的商品，其市场需求量也就会不断减少，并最终退出市场。"两型社会"建设对消费行为绿色化的作用还要求整个社会消费实现资源节约和环境友好要求与标准，整个社会消费包括了各个方面的消费，消费行为绿色化要求整个社会各个方面的消费都要为整个社会消费实现资源节约和环境友好的要求与标准服务。

在消费前阶段，消费的内容主要是为消费阶段生产符合绿色消费要求的消费品，也即要生产出既能体现资源节约又能体现环境友好的消费品。消费前是整个消费过程的第一个阶段，这个阶段是否符合绿色消费要求和标准，对能否实现绿色消费有着重要的作用和意义。只有消费前阶段提供了符合绿色消费要求和标准的产品，消费阶段才能够有可供消费的满足绿色要求的消费品。第一，生产消费品应体现资源节约。在生产消费品的过程中，应尽量降低资源消耗，减少资源浪费行为，尽量采用可再生资源进行生产。采用可循环利用的资源和无污染的可再生能源生产消费品；设计开发节能建筑；应用新技术和新设备提高资源利用率；减少消费品的过度包装。第二，生产消费品还应体现环境友好。在生产消费品的过程中，不产生危害环境的因素或虽然产生了危害因素但能有效控制和治理。一是生产过程不排放污染环境的物质；二是不使用会对环境造成不良影响的原料生产消费品。

在消费阶段，绿色消费的内容主要是从消费观念和消费意识上对消费者的消费行为进行引导和约束，使消费者在消费过程中的消费方式和消费习惯符合绿色消费的要求和标准，体现资源节约和环境友好。在这一阶段，消费者可以通过市场的供求规律投票的方式，将符合绿色要求和标准的产品信息反馈给生产者，鼓励消费前阶段生产者生产出更多的符合"两型社会"要求和标准的产品；也可以通过自身消费符合"两型社会"要求和标准的产品，减少消费后阶段在处理消费废弃物方面的压力。第一，在消费过程中要体现资源节约。消费品在使用过程中，应该在满足基本需求的基础上，适当提升生活水平，抵制会造成资源浪费的不当消费。选择节约资源的产品和服务进行消费；自觉选择集中消费和公共消费；抵制浪费资源的消费产品和消费行为。第二，在消费过程中还应该体现环境友好。选择文明的消费方式进行消费，消费过程中不破坏环境，降低和减少消费对环境的不良影响。不消费会污染环境或对其他人造成不利影响的产品；减少使用塑料产品和一次性消费品；在消费过程中不破坏环境和生态平衡。

消费后阶段，绿色消费主要是指消费废弃物处理问题，处理废弃物一定要有资源和环境的意识，体现出资源节约和环境友好的特点。从宏观来看，消费后阶段是整个消费过程中最后一环，前面的生产过程和消费过程无法解决的很多资源和环境问题一定要在处理过程中进行治理，否则，就会降低绿色消费对促进资源节约和环境友好的效果。第一，消费品处理应体现资源节约。科学处理消费废弃物，加大科技投入，开发可以将消费废弃物资源化、无害化的技术。加强废旧物资的回收利用；加强水资源的循环利用；加强生物资源的转化利用。第二，消费品处理还应体现环境友好。应该严格控制消费品废弃物的处理，在两型消费过程的最后一个环节杜绝消费对环境造成污染：一是消除危害后再排放；二是限制污染物的集中排放。

第二节　倡导绿色消费理念

理念决定成败，理念往往是行动的先导，人类一定的行为总是在一定的理念支配下完成的。而这里的理念即指人们头脑中的观念或意识，包括价值观、人生观、世界观等。观念一旦确定往往很难改变，所谓根深蒂固，它将在很长时期内支配与影响人们的行动，因此，要真正改变某种行为习惯，首先要改变指导与支配行为的观念，而且这种改变是一个漫长的、艰难的过程。绿色经济要求改变当前大多数的高消费观念，倡导绿色消费理念，树立绿色消费观。要在全国倡导绿色消费理念，需从政府、居民、社会三个方面着手。

一　政府浪费之风务必狠刹

绿色消费的核心是节约，节约能源资源，自然也就降低了环境污染，包括大气污染。"静以修身，俭以养德"，勤俭节约是一种习惯，是一种美德。政府做好了，老百姓就会跟着做。习近平总书记指出，"浪费之风务必狠刹！"，政府带头厉行节约，才能以节俭政府的角色，带动群众，建设一个可持续发展的节约型社会。

例如，湖北省直机关工委倡导公务活动3公里以内骑自行车，3—5公里使用公共交通工具，超过5公里才派公务用车。上海市将办公节能措施具体化，如制定了公共机构合同能源管理项目暂行管理办法，明确要求单位建筑面积综合能耗未达到同类公共机构建筑合理用能指南相应标准；建筑用能设施设备系统，如空调、锅炉、照明、动力等，能效水平低于同类设施设备系统一般能效水平；实施太阳能、空气能、地热能等新能源技术应用项目；实施水资源节约与循环利用技术应用项目；其他可以优先采用合同能源管理方式实施的节能技改项目，应当优先采用合同能源管理方式。而显然在建设节约型机关的工作上做得很不够，在我们的政府机关办公楼里，随时都可见这样的场景：机关好几间办公室，尽管开着壁挂空调，但办公室的门却是半敞开的，或者窗户半开着，空调遥控器设置的温度永远是20℃以下。据了解，低温空调开的时间长了，人容易得空调病。把房间的门窗打开一些，加强空气对流，对身体有好处，现在很多单位开空调都这样。机关办公资源浪费严重的最根本原因在于各地不少机关在办公时一直都没有资源使用方面的定额限制和定额管理，因而形成了机关办公节能监督工作的"盲区"。因此，一些领导干部和公务人员即存在"花公家钱不心疼"的心态，节约意识较为淡薄，当然其资源的过量消费行为就显得特别明显了。

要培育全民绿色消费意识，要从政府消费抓起，首先，要转变政府机关作风。政府机构应从自身入手，带头示范，真正建立一种节约型机关作风，消除"办公节约冷漠症"。从而在全社会形成一种"浪费是最大的犯罪"的观念和道德约束机制，才能真正把节能降耗当成一件大事来抓。其次，要加强对公款消费行为的监管。政府某些官员的公款消费是政府奢侈浪费中的一个重要方面，既浪费国家钱财，又在社会风气上造成极坏的负面影响。政府官员公款消费中的奢侈浪费行为必须得到遏制，这样才能使政府的绿色消费宣传真正信服于民众，绿色消费政策才能有效贯彻执行。最后，要加紧摸底调查。对于当前而言，政府有关部门必须加快对各级政府机关的办公建筑能源审计，在审计中清楚把握政府节约状况，发现问题，针对具体问题，制定切实可行的具体措施，不能让节约型政府机关的建设成为纸上谈兵。

二　居民践行绿色生活方式和消费模式

绿色消费的通俗表达应该就是节约，节约能源资源，减少消费过程中的直接或间接碳排放，最终实现减少环境污染的目的。要增强居民的绿色消费意识，首先要走出节约消费的几个认识误区。

（1）节约是否影响提高生活消费水平？改善人民生活，不仅指提高消费水平，还包括提高生活质量，而生活质量表现在物质生活、精神文化生活、人居和生存环境、社会公共设施和服务的享有、社会治安状况等各个方面。节约物质财富，就能减少物质财富的生产时间，从而增加精神财富的生产时间，使人民的需要在更高层次上得到满足。

（2）消费中的节约与生产发展是否对立？片面强调消费需求对生产的作用，并把消费中的节约同生产发展对立起来，则是有失偏颇的。资源节约不是限制消费，而是优化资源配置的需求。通过资源优化配置实现更高的效率、更好的发展。比如企业通过合同能源管理，既节约了能源，又降低了企业运行成本，而节约的成本又有助于企业扩大再生产。因此，在消费中注重节约，杜绝浪费，从而促进生产的节约，是保证经济社会可持续发展的必然要求。

（3）消费节约纯属个人偏好问题？节约消费体现社会责任感，体现了公平和公正消费。在当今社会，个人的消费行为和生活方式，日益超出其自身，不同程度地对其他人以至整个社会产生影响。追求生活质量的权利对于当代全球的每一个人，对于当代与后代的每一个人应该同等地享有。任何人都不应由于自身的消费而危及他人的生存和消费（即代内公平），当代人不应该由于本代人的消费而危及后代人的生存与消费（即代际公平）。不仅要协调好当代各部分人消费需要的满足，兼顾当代人的当前消费和长远消费，而且要兼顾当代人和后代人消费需要的满足，当代人消费的增长要以不影响后代人消费的增长为前提。

消除以上误区后，我们应该认识到节约消费是一种消费道德。它内在地要求人们适当节制其物质欲望，约束自己的消费行为。节约的标准包含着社会平均消费水平、个人的实际支付能力与社会资源的占有情况三个方面，如果人的消费接近或等于社会平均水平、个人支付能力，不多占有社会资源，并且不会给社会风气带来消极影响的就是节约；反之则是奢侈。节约是建立在人的诚实劳动基础上的，使人能尽量地怜财惜物，珍视自己的劳动成果，能够正确而理性地消费商品，享受生活。节约消费作为一种消费道德、消费艺术，它丰富着人类的精神消费内涵：物质消费上的节约并不妨碍我们追求精神消费的最高境界，过度地追求物质享受，过度地禁止欲望都是节约精神的对立形式。

当前，对于人注重面子消费，追求奢侈的消费特点，要戒除以大量消耗能源、大量排放温室气体为代价的"面子消费""奢侈消费"的嗜好。商务部研究院消费经济研究部发布的《2015年中国消费市场发展报告》中指出，2014年虽然我国国内奢侈品消费额同比下降11%，为250亿元，但中国消费者的全球奢侈品消费达到1060亿美元，占全球奢侈品消费的46%，依然是全球最大的奢侈品消费人群，76%的奢侈品消费发生在境外，比2013年的67%提高了9个百分点，且境外奢侈品消费逆势增长，增速高达9%。另外，高端消费人群特别是大众高端消费人群正逐渐年轻化。随着国际化步伐的加快，以及奢侈品价格的下调，年轻人将开始成为消费主力，很多奢侈品消费者开始集中于40岁以下的年轻人群，消费人群呈现不断下沉的趋势。因此，大力倡导绿色消费理念，帮助人们走出节约消费误区，戒除不利于绿色经济发展的"面子消费""奢侈消费"等消费意识。

三　社会深入开展反对浪费行动

"奢则不逊，俭则固；与其不逊也，宁固"，而时下某些地方推动和炫耀的消费文化，部分造成了中国高碳和高污染发展的后果。可见，消费文化对于经济发展的重要作用。消费文化代表着某种普遍的社会消费心理，营造着一定的消费氛围，导致一定的社会消费风气。要倡导绿色消费理念，更要广泛宣传与发展绿色消费文化，为绿色消费观念的开花结果提供肥沃的思想土壤。

近几年来，急剧的消费变化与转型所带来的冲击是迅猛与全方位的，在大众传媒的渗透以及西方国家、城市、高收入群体、知识分子的示范作用推动下，高消费、地位消费、炫耀性消费、奢侈消费等消费风气蔓延，健康、安全、生态、可持续等消费文化，远未像西方社会一样，在中间阶层形成主流。汽车消费文化、洗浴消费文化、歌厅消费文化等虽然对于经济增长一直有着很大的拉动作用，可是与绿色经济发展、"两型社会"建设需求显然格格不入。宣传与发展绿色消费文化首先是政府需要承担的社会责任。文化产业的繁荣，宣传媒体的规模化发展，也为宣传与发展绿色消费文化创造了优势性条件。

政府要与各宣传媒体结合，广泛营造绿色消费文化氛围。通过通俗易懂、丰富多彩的宣传，影响公众行为，促使他们接受新技术，从而既能满足未来的能源需求，又能确保温室气体的减排。全国各级各部门、社会团体、高等院校、科研院所、企业要广泛动员，开展形式多样的宣传活动，形成节能的社会氛围，不断增强全社会的节能意识。通过广泛组织和采取多种形式开展创建节约型城市、节约型企业、节约型社区、节约型机关、节约型学校和节约型家庭等活动，引导全社会把节约资源放在更加突出的位置，增强全社会的资源忧患意识和节约资源、保护环境的责任意识，使节约成为全民的主流意识。

同时，民间社会组织也要积极推进绿色消费理念的宣传工作。社会组织是现代多元治理结构中的重要主体，对促进绿色消费方式的全民化具有不可替代的作用。其分布广且深入社会各阶层，以其自身的布局优势比政府能更广泛、深入地开展节能减排、绿色经济的宣传教育活动；同时，环保组织本身就是一类很重要的社会组织，这说明社会组织会更易于接受绿色消费的理念，并且积极实践、热忱推广。但是，目前环保组织很少，发展得比较快的是近几年几所高校的环保社团。政府要重视这些社会组织，多为他们提供政策上的便利，加大对这些环保组织活动的宣传与支持力度。

第三节 促进消费结构升级

有调查研究表明：城市居民生活行为消耗的能源和排放的二氧

化碳远远高于农村，分别为农村的 2.96 倍和 2.74 倍；对于城镇居民来说，生活行为对能源消费及二氧化碳排放的间接影响明显高于直接影响，分别是直接影响的 2.44 倍和 2.78 倍；城镇居民生活行为中最大的能源密集型行为是居住，占城镇居民生活行为对能源消费的 45.1%，直接生活用能占 26.43%，食品占 11.66%，教育文化娱乐服务占 8.37%，四者共占 91.56%。同时这些行为也是较大的碳密集行为，分别占城镇居民生活行为二氧化碳排放的 43.82%、24.47%、12.85%、9.74%，共占 90.88%。这说明城市交通与建筑的节能减排依赖于城镇居民消费方式的转变，城镇居民消费方式由奢侈型向节约型转变，对于减少城市能源消耗与二氧化碳排放意义重大。而消费方式转变的核心就是消费结构的调整，发展绿色消费的关键是要提高居民绿色消费水平，调整居民绿色消费结构，实现由高碳消费向绿色消费转变。这样，才能通过绿色消费结构的优化升级引导绿色产业结构调整，进一步推进绿色经济的发展。

一 制定绿色消费原则与标准

绿色经济作为一种全新的经济发展模式，要求降低能耗率，实现经济的绿色发展，消费作为社会生产领域的重要环节必然要与之相适应，消费绿色产品，消费低能耗产品，形成良好的消费习惯和偏好。建立在工业经济基础之上的社会经济由于大量使用含碳的能源而造成经济碳化程度高，超越了环境承载能力，造成严重的环境污染，影响了社会和经济的可持续发展，通过绿色消费结构调整，可以使社会生产结构和消费结构由高碳化向绿色化转变，减少碳化产品的生产和消费，实现经济的转型与可持续发展。

要对居民绿色消费结构进行合理引导，必须有引导的原则与标准，这既是绿色消费结构调整的关键，也是绿色消费发展的最大困境。根据绿色经济发展的要求，可以基本确定绿色消费结构调整的基本原则："三低"原则，即低能耗、低污染、低浪费原则。"一粥一饭，当思来之不易，寸丝寸缕，恒念物力惟艰"，低能耗要求居民尽量多消费节能产品，如节能灯、节能空调等；低污染要求居民使用消费品时尽可能减少碳排放，减少环境污染，如多乘公交车、少用煤等；低浪费则主要针对那些奢侈消费行为，以及不节约消费行为，该用的时候就用，不该用的时候不能浪费，如节约每一滴水、每一度电、每一张纸等。发展绿色消费，优化消费结构，不仅可以更好地满足居民的需要，而且可以带动绿色产业的发展，促进产业结构的升级优化，形成生产与消费的良性循环。而生产与消费的良性循环，又能够提高企业和消费者的绿色消费意识，改变消费观念，使企业在生产过程中、消费者在消费过程中自觉减少对自然环境的污染和破坏，保持生态平衡，促进人与自然关系的协调，从而实现可持续发展。

绿色消费并不是降低人们的消费水平与消费质量，在引导居民进行绿色消费结构时还必须遵循绿色消费的标准。具体可以落实到消费绿色化的四个参考标准：

第一，绿色消费的健康标准。人们的绿色消费首先要达到健康生存的基本要求，即使是低能耗的消费品，如果对人的身体健康产生危害，则都是毫无意义的。第二，绿色消费的能耗标准。人们的绿色消费要达到低能耗的基本要求，如吃要讲究简朴，不要过于注重食品包装；用要讲究实用，不可奢侈浪费；住要讲究舒适简单，不可过于奢华等。第三，绿色消费的环境标准。消费者在绿色消费量上要考虑到生态环境的承载能力，尤其要考虑到不可再生性资源的承载限度。同时，绿色消费行为要尽可能减少对环境的污染，如汽车消费要控制用车，减少尾气排放。第四，绿色消费的社会标准。绿色消费活动要在一定的社会认可范围内进行，遵守社会法律制度与社会公共道德规范，既要有利于和谐人际关系的发展，又要符合社会可持续发展的目标要求。

二　改善居民经济收入状况

改善居民经济收入状况，需抓紧制定调整国民收入分配格局的政策措施，逐步提高居民收入在国民收入分配中的比重，提高劳动报酬在初次分配中的比重，深化垄断行业收入分配制度改革，进一步规范收入分配秩序，进一步深化分配制度改革，以提高居民收入水平和扩大最终消费需求为重点调整优化国民收入分配结构。

一是努力扩大就业再就业，加大初次分配调节力度，增加城乡居民收入。①努力扩大就业再就业。政府要实施扶持性的积极就业政策，切实帮助中小企业走出发展困境。要结合本地区实际，切实落实中央财政扶持中小企业发展的六大举措，重点关注和解决非公经济和中小企业面临的困难。健全完善就业与再就业制度，鼓励返乡农民工投资创业，并加大实施就业援助工程。②加大初次分配调节力度。初次分配在重视政策效率的同时必须注重公平，打破垄断和不合理的市场准入限制，确保劳动权益得到保护，运用法律手段对农民工的工资增长、工资支付等进行规范，提高劳动报酬在国民收入中的比重。③提高财产性收入在居民收入中的比重。促进农村集体建设用地的确权和流转，推动农民土地承包经营权及宅基地流转，提高农民财产性收入。

二是加大二次分配改革力度，提高政府再分配效率。①完善惠农政策，拓展农业增长农民增收的空间。要增加"三农"的财政性投入，切实加强农田水利建设，提高农业综合生产能力，积极推进大宗优质农产品的良种繁育等，继续开展粮食优质高产创建活动，实施"种三产四丰产工程"，继续实施"千区万户健康养殖示范工程"；重点扶持品牌茶、有机茶发展，支持标志性农业产业化龙头企业和外向型企业进行技术改造和建设生产基地。推广多种生态农业发展模式，发展生态、安全、高效农业。②加强收入规范制度建设。当前要深化收入基础性制度建设，其中包括工资报酬申报制度和财产收入申报制度。要完善社会保障体系：增加对义务教育、基层公共医疗卫生事业的投入；加大对城乡特困群众的救济救助力度，提高扶贫资金使用效益，加大对革命老区、民族地区、边疆地区和贫困地区的财政转移支付力度。要着力解决困难企业职工等的医疗保险问题，妥善解决失地农民的就业和社会保障工作。要进一步完善城乡社会救助体系，积极探索城乡医疗救助新模式，促进农村养老保险制度改革。

三是加大分配秩序整顿力度，为收入分配结构优化提供良好环境。要切实贯彻执行"保护合法收入、取缔非法收入"的基本要求，逐步形成公开透明、公正合理的收入分配秩序。当前重点是加大对垄断行业收入分配的监管力度，改变行业收入差距过大的局面；深化电信、电力、石油、民航、铁路、邮政、烟草等行业和水电气公用事业改革，进一步引进竞争机制。

三　大力生产绿色消费品

随着绿色经济的提出，我国的产业发展应走新型工业化道路，推进工业结构优化升级和增长方式转变，大力发展高新技术产业、提升发展传统产业；加快企业改革、改组、改造步伐；淘汰高投入、高耗能、高污染、低效益的劣势企业；大大降低高耗能产业的比重，在保持产业持续较快发展的同时，降低对能源消费的依赖，形成绿色产业群。总之，绿色经济将促使经济结构由现在的能源耗费型、粗放型向技术集约型、资源节约与环境友好的方向转变，导致社会产业结构布局也随之发生变化，无论是"三产"之间还是产业内部将做出调整，这也必将影响建立在工业经济基础上的消费结构。一方面，消费的重点将由高能耗、高污染的产业向环保型产业转移；另一方面，消费者的偏好也将随生产的布局变化而发生变化，更加青睐于低能耗的产品。因此，大力发展绿色消费品，将有效地满足消费者的绿色消费需求；反过来也进一步推动绿色产业的发展，形成绿色消费品—满足绿色消费需求—推动绿色产业生产—提供更多更高质量的绿色消费品的良性循环。

绿色消费品的实际内容就是节能产品。为推动我国 2020 年控制温室气体排放行动目标落实，规范和管理我国低碳产品认证活动，并促进国际贸易，维护和保障我国相关的产业利益，国家发展改革委和国家认证认可监督委员会于 2013 年 2 月 18 日联合发布了《低碳产品认证管理暂行办法》。列入国家低碳产品认证第一批目录的产品包括通用硅酸盐水泥、平板玻璃、铝合金建筑材料和中小型三相异步电动机。第二批目录的产品包括建筑陶瓷砖（板）、轮胎、纺织面料。未来会有更多产品被纳入中国低碳产品认证范畴当中。

虽然中国的环保企业数量多，但规模小、缺少核心技术装备，龙头企业更是凤毛麟角，没有可以与苏伊士、威立雅、帕萨旺等国际巨头抗衡的跨国企业。以水处理为例。目前，我国大多数的工业、生活污水处理等常规设备都能达到国产化的要求，但是对于价值链高端的高活性污泥和家用净水设备返渗透膜的制造，由于核心技术的不健全，仍落后于发达国家。目前，美国、欧盟和日本的节能环保产业发展基本上已进入成熟期，为全球市场的主要力量。因此，要促进绿色消费品市场的繁荣，一方面要增强消费者的绿色消费意识，另一方面要鼓励与支持节能产品生产企业的发展，为居民提供物美价廉的绿色消费品。

四 政府、市场与企业三位一体化监管

绿色消费结构的形成以及优化升级，必须有一个健康的消费环境，通过政府、市场与企业的三位一体化监管，可以为绿色消费提供有力的制度保障。政府与企业以绿色消费市场为中心的制度监管，需从三个方面着手：

其一，绿色产品市场监管。在绿色经济条件下，应当完善相应的市场准入制度，减少能源密集型的产品大量进入市场，创造绿色、合理的产品供应结构；积极加大对能源和耗能相关产品的监管力度。组织开展能源及耗能相关产品专项打假活动，严厉打击制售假冒伪劣能源及耗能相关产品的违法行为；加大对国家强制淘汰不符合要求高耗能设备和产品的行政执法工作力度，严厉打击生产、销售、转让和使用国家明令淘汰的高耗能产品的违法行为；强化能效标识和节能产品认证工作执行情况的检查，严厉打击伪造或冒用节能产品认证和能效标识认证标志等违法行为，努力提高行业的整体生产力水平。还要建立完善的能源和耗能相关产品质量监督制度。严格落实制订计划、监督抽查、后处理等步骤，加强对石油等能源产品、建筑节能产品、燃煤燃气产品、绿色照明产品、节水产

品、机电产品、可降解产品等耗能相关产品的强制监督抽查力度，宣传和推广节能效果好的产品，曝光和淘汰高耗能设备及产品。

其二，政府节能标准体系建设。要加快对绿色消费过程中能源消耗标准的制定和修订，对省内特色产业以及国家标准未能涵盖的特色产品，制定地方标准，明确由相应的省直部门负责，逐步完成以下方面：（1）重点耗能产品的能耗（或电耗）限额；（2）建筑节能标准，包括公共建筑节能设计标准、民用建筑节能门窗技术规程、外墙保温面砖饰面技术规程；（3）新能源与可再生能源标准，包括生物质能源树木的栽培技术、农村生活污水净化沼气池标准图集、家用生物质气化炉、农村家用太阳能热水器的安装、沼气综合利用规范、家用沼气池配套设施的要求；（4）能源计量产品标准：煤质分析仪器系列。同时，向企业宣贯节能方面的有关标准，监督检查标准实施情况。对违反强制性标准的，依据有关法律、法规进行处罚。

其三，企业绿色技术创新。企业既是全社会推行绿色消费方式的"瓶颈"，也是"桥梁"。实现企业生产性消费的绿色化是一项长期、艰巨的任务，需要企业具有减排的社会责任意识并投入资金和人力资源，通过技术创新降低企业单位能源消费量的碳排放量，最终实现企业生产消费过程中能源结构趋向多元化和产业结构升级。企业必须坚持"三R"原则，即减量化（reduce）、再使用（reuse）和再循环（recycle），减少能源消耗和废气废水等废弃物的排放量，通过技术进步提高废弃物的回收利用率以及循环利用，实现经济的"绿色"化、"碳水"化和可循环。企业也是绿色消费产品的提供主体，是联系绿色生产性消费和绿色非生产性消费的桥梁。绿色消费方式作为一种新的经济生活方式，给经济发展和企业经营带来新的机遇。只有企业提供了绿色节能的消费品，使公众在超市或其他商场购买产品时根据绿色化程度有所选择，才能更广泛、深入地推行全民绿色消费方式的物质基础。

第四节　构建绿色消费模式

消费模式反映消费者的消费生活特征、消费价值观、消费偏好与消费习惯，消费模式看起来与经济发展模式似乎没有很密切的关系，但在实际消费生活中，它内在地通过消费偏好影响着消费者的消费选择，对不同消费品的选择必然引导着不同消费品的生产，从而不同的消费模式必然带来不同的经济发展模式。"绿色经济"的重要含义之一，不仅意味着制造业要加快淘汰高能耗、高污染的落后生产能力，而且意味着要引导公众反思那些浪费能源、增排污染的不良嗜好，从而充分发掘消费和生活领域节能减排的巨大潜力。因此说，"绿色经济"仅有先进技术的支撑是不够的，必须依托于"绿色消费生活"才能实现真正的节能减排目的。"绿色消费生活"是一种简单、简约和俭朴的生活方式。

一　思想上，树立正确的消费文化

西方消费主义消费的目的不是为了实际需要的满足，而是在不断追求被制造出来、被刺激起来的欲望的满足。在现实生活中，消费主义既表现在实际生活中，也体现在观念上：消费主义并不总是表现在花了多少货币、购买了多少高档商品上，它也体现在各种各样的一次性消费上。高档消费也好，一次性消费也好，都是对能源、材料、资源、技术以及劳动的高消耗，通常也是对环境—生态的大规模破坏。高额或高档消费生活方式在任何时代都有，所以一般意义上说高消费并不一定就等于消费主义，消费主义的模式是由"资本逻辑"以及附属于它们的大众传媒通过广告或各种商业文化和促销艺术形式推销给大众的一种生活方式。每到开学季，新款笔记本、手机等电子产品的促销广告都会"席卷"校园。大学生是各类电子产品的主要消费群体之一，但缺少固定收入来源，由此大学生分期、贷款平台等应运而生。由于大学生缺乏合理的理财规划能力，且存在攀比消费的情形，逾期现象频频出现。从 360 互联网安全中心发布的《旧手机回收价值调研报告》中获悉，2014 年，全国约 50% 的用户更换手机间隔时间为 18 个月，其中，20% 的用户一年内换了手机，而两年后换手机的用户比例已降至 30%。这种大量生产、大量消费、大量废弃的生活方式，正走向人类文明的反面，严重制约了可持续发展战略的实施，不但污染了生态环境，而且污染了人们的心灵。正是这种无限膨胀的消费欲望造成了世界能源、资源的紧缺。

如今在许多发达国家，很多人已经自觉接受了支撑绿色经济的绿色生活方式，例如，为鼓励节能，新加坡也大力发展公共交通，力推绿色出行。新加坡政府在高峰时段征收拥堵费，让持车成本进一步攀升。为了鼓励更多的民众选择公共交通，新加坡政府打造了友善成熟的公交地铁体系——每座组屋区下均设有公车站，绝大多数的组屋到公车站的道路都设有遮盖蓬，为民众遮挡烈日和暴雨。假设我们是在这样一个多种生活方式并存的情况下，中国和西方的消费主义文化就有一个很大的不同。在新科技革命的影响下，西方国家的生活方式为消费主义的兴起创造条件并打下坚实的物质基础；现代企业管理方法和制度的创新，使消费主义的兴起成为可能；城市化为消费主义成长提供了肥沃的土壤；大众文化的兴起为消费主义发展扫清了思想障碍。而在中国又多了一层挑战，那就是按照马克思说的思路，我们的生产方式还没有孕育出一个与它相匹配的生活方式。西方的经济基础、物质基础高，还有这个"实力"高消费、高奢侈。我们是在并没有一个那样的物质基础的情况下，就产生了这样一种消费主义、消费欲望，要过上"美好生活"。正如贝尔克指出，第三世界的国家人民被吸引而沉溺于奢侈浪费。这是一种早熟的消费文化。这种牺牲最基本的营养去追求表面的奢侈浪费，必然产生资源危机、生态危机、价值观危机、危及人的全面发展等多方面的负面影响。我们不能盲目地模仿与学习西方消费主义的生活方式，我们的国情省情都不允许我们肆意挥霍与浪费能源资源，为了我们的后代子孙，为了国家未来经济社会的可持续发展，我们应该选择一种简朴、简约、健康的绿色消费生活方式。

二 目标上，倡导绿色的消费方式

从原始农业社会到现代工业社会再到后工业社会，不同的历史时代背景下，人们的消费生活方式特征有所不同。原始农业社会下，人们的消费生活符合绿色化标准，但那种绿色化消费生活方式的具体内容则是消费结构的单一、消费水平的落后、消费能力的低下。现代工业社会下，人们的消费结构不断优化升级，消费水平不断提高，消费能力大大提升，然而，消费生活的高碳化给我们生活的地球与气候带来了不可逆转的损害，环境污染日益恶化，全球气候变化异常增多。而21世纪的我们将生活在后工业化社会之下，后工业化社会将致力于协调经济发展与环境友好、资源节约之间的关系，我们的消费生活方式应该是一种新型的绿色消费生活方式，这样一种消费生活方式既不同于农业社会下的落后的绿色消费生活方式，更不同于工业社会下那种高碳化的消费生活方式。

第一，它是一种消费结构绿色化的生活方式。从消费结构与消费水平的微观层次来看，"两型社会"下的绿色消费应该是绿色消费品在消费结构中的比重不断提高，绿色消费数量与绿色消费质量结合得恰当。微观层面上的消费结构绿色化，指的是消费者衣、食、住、用、行、娱乐等各种消费类型中绿色消费品数量不断增加，绿色消费效益明显提高。如在饮食结构上，多消费绿色食品，注重营养的合理搭配；在服装消费上，少穿化纤材质的服装，注重服饰美观与健康的结合，讲究服装消费的内在品位与外在色彩搭配的协调；住宅消费上，多使用节能产品，注重住得舒适、装修健康环保、面积适当等。总之，微观层次上的消费结构绿色化既是通过消费促进人的全面发展的根本途径，也是构建新型绿色消费生活方式的具体内容。

第二，它是一种环境友好型、资源节约型的生活方式。社会主义市场经济发展到一定阶段时，环境和资源越来越成为制约经济增长质量和速度的一个突出的社会因素。发展绿色经济是我国"两型社会"建设的必然要求。在一个环境友好型、资源节约型的社会中，人与自然和谐相处，人们崇尚合理的节俭，不浪费有限的自然资源。而这样一种和谐状态首先就要从每一个消费者做起，因为消费活动是社会活动最频繁、最重要的一种活动，绿色消费对绿色生产、绿色社会发展有着最为直接的影响。社会主义和谐社会要实现经济社会环境的可持续发展，构建环境友好型、资源节约型的绿色消费生活方式是其重要基础，也是实现消费结构绿色化的重要前提条件。

第三，它是一种以"绿色"为导向的共生型消费生活方式。环境就是系统，绿色消费生活方式着力于解决人类生存环境危机，其实质是以"绿色"为导向的一种共生型消费方式，使人类社会这一系统工程的各单元能够和谐共生、共同发展，实现代际公平与代内公平，均衡物质消费、精神消费和生态消费；使人类消费行为与消费结构更加科学化；使社会总产品生产过程中，两大部类的生产更加趋向于合理化。这样一种共生型消费生活方式充分体现了对自然生物可持续生存权利的尊重。每个人、每个自然界生物，都有可持续生存的权利，我们要为我们的后代、为自然界所有生物创造和谐的生态环境和社会环境。

第四，它是一种文明、健康的消费生活方式。绿色消费生活方式特别关注如何在保证实现气候目标的同时，维护个人基本需要获得满足的基本权利。但有限的资源、日益恶化的环境，要求我们承担起保护环境，节约能源资源的社会责任，它要求我们具有高度的生态文明、社会文明与精神文明，它是一种道德责任。作为高文明程度的现代人类，当然应该追求健康的消费目标，绿色消费是一种更好地改善生活的有益于身心健康的生活方式。

三　机制上，制定有效的消费政策

绿色消费生活方式的两个关键词是节约与环保，我国对节约与环保的宣传教育已开展多年，公众的节约与环保意识有了一定程度的提高，但是除了道德层面的教育引导外，还必须有政策支持与制度约束，这样才能激励公民自觉地践行绿色消费生活方式。制定绿色消费政策必须同现行的消费政策、经济政策、社会政策相结合，修改完善部分消费政策，制定新的绿色消费政策，从而构建起完善的绿色消费体系。完善绿色消费政策体系，一方面要积极落实国家宏观层面的绿色消费政策，另一方面要结合经济社会发展实际，制定特殊的绿色消费政策。如配合"两型社会"试验区改革，制定绿色城镇建设下的消费政策。因此，无论是政府消费还是居民消费、企业生产方面的绿色消费政策，都可以从国家宏观绿色消费调控与微观绿色消费指导着手。

政府消费：一方面，要积极贯彻执行国家关于建设节约型政府机关工作要求，对于政府自身率先垂范绿色消费，要有严格的制度约束。另一方面，政府要在建设节约型政府机关上，多借鉴省外一些先进经验，结合实际，制定切实可行的政府办公耗能管理制度，要在办公用水、办公用电、办公用车、办公耗材等各个办公环节上制定科学的监管措施与奖惩制度。加强廉洁政府建设，对政府公款消费要实行透明化、公开化，坚决遏制公款消费中的奢侈浪费行为。建立政府官员投诉制度，加强公众舆论监督力量。继续推进政府节能采购制度。以湖南省为例，一方面，全面推行绿色办公。提高办公设备和资产使用效率，鼓励纸张双面打印。推进信息系统建设和数据共享共用，积极推行无纸化办公。完善节约型公共机构评价标准，合理制定用水、用电、用油指标，建立健全定额管理制度。使用政府资金建设的公共建筑全面执行绿色建筑标准，凡具备条件的办公区要安装雨水回收系统和中水利用设施。到 2020 年，新增创建 3000 家节约型公共机构示范单位，全部省级机关和 50% 以上的省级事业单位建成节水型单位。另一方面，完善绿色采购制度。严格执行政府对节能环保产品的优先采购和强制采购制度，扩大政府绿色采购范围，健全标准体系和执行机制，提高政府绿色采购规模。具备条件的公共机构要利用内部停车场资源规划建设电动汽车专用停车位，比例不低于10%，引进社会资本利用既有停车位参与充电桩建设和提供新能源汽车应用服务。2016年，公共机构配备更新公务用车总量中新能源汽车的比例达到30%以上，到2020年实现新能源汽车广泛应用。

居民消费：政府要完善激励绿色消费的法规与政策。针对居民消费生活的具体内容，如汽车消费、住房消费、用水用电等日常消费制定合理的、可行的激励政策或约束机制。如在汽车消费上，北京的做法值得借鉴。继续严格执行国家"限塑"令，深入推进国家"节能产品惠民"工程。此外，不可忽视的是，要完善旧货市场管理体制，促进旧货市场的发展，真正实现废物利用。与民政部门结合，建立定期的旧物捐赠活动机制，把善举行为融于绿色消费中。尤其需要强调的是，要建立一套有效的垃圾回收管理制度，多设垃圾回收桶，多设置废旧电池回收点。废旧电池的处置问题一直是目前环境保护被忽视的内容。

企业生产：政府要出台政策和法规鼓励企业运用与创新绿色技术，如制定奖励措施，对于开发绿色产品，综合利用自然能源，投资绿色生产流程的企业，给予支持和鼓励，并在贷款、税收等方面给予优惠政策；对本身从事废物利用的企业，要在政策上予以一定的优惠或扶持，为其产品的推广与发展提供宽松的市场体制环境；深入贯彻全国工业企业的节能减排政策，加强节能减排的制度管理，等等。

四　行动上，养成科学的消费习惯

绿色意味着节能。践行绿色生活方式，不仅要大力发展绿色经济，加快淘汰高能耗、高污染的落后生产能力，推进节能减排的科技创新，而且意味着引导公众扎扎实实增强环境保护意识，反思那些习以为常的消费模式和生活方式，从"细微之处"做起，戒除浪费资源、增加污染的不良嗜好，戒除以增加能源消耗和温室气体排放为代价的"便利消费""面子消费""奢侈消费"等陋习。

减少日常"便利消费"。"便利消费"广为流行，不少消费方式在人们不经意中浪费着巨大的能源，其中"一次性"用品消费危害巨大。例如，一次性塑料袋的滥用带来白色污染蔓延，一次性筷子的使用致使片片森林惨遭"屠戮"，一次性口杯的风行造成能源的极大浪费……每个人生活习惯中浪费能源和碳排放的数量看似很小，一旦以众多人口计算就会成为惊人的数量。践行绿色生活方式，亟须告别陋习，养成良好消费习惯。

淡化"面子消费"意识。钱财事小，面子事大。中国人无论是在古代，还是在今天；也不论是富或者是穷；更不论是在城市或者是在农村，都要追求有脸有面，好面子，将送礼、维系体面和关系等视为基本需要，将争脸、给面子和礼尚往来列入基本行为规范，从而形成了中国人社会中恒久而普遍的"面子消费"行为，而这种消费行为更是淋漓尽致地体现在传统高端烟酒消费上。减少"面子消费"，要根据节约型社会的要求，建立和完善相关制度，对"面子招待""面子工程""面子应酬"等不良现象进行遏制和约束，特别要防止有些人为了自己的面子，慷公家之慨，乱花公家的钱；要加大新闻媒体监督的力度，对那些挥霍浪费的人和事予以曝光。

戒除"奢侈消费"嗜好。直面能源危机，人们往往不愿与社会日渐增长的"奢侈消费"相联系；其实，以大量消费能源、大量排放温室气体为代价的"奢侈消费"，正是加重环境污染、能源紧张的重要因素。房子面积越来越大，冰箱容积越来越大，私家车无节制地增多，饮食越来越讲究……如此种种，无不是以增排温室气体为代价。戒除奢侈消费并不是降低消费生活质量与水准，房子可以小一点，冰箱容积可以小一点，私家车可以少开点……减少这些一点点，丝毫不会影响我们对高舒适、高质量的生活追求。

践行绿色生活方式，与公众生活息息相关。良好生态环境人人向往，每个人都是绿色环境的享受者，更是绿色生活的创造者——身体力行从点点滴滴做起，养成节能减排的良好生活习惯，将使我们的生存环境得到质的提升。对于世界第一人口大国来说，每个人生活习惯中浪费能源和碳排放的数量看似微小，一旦以众多人口乘数计算，就是巨大的数量。科技工作者和社会科学工作者都有责任从日常生活的方方面面向公众开展绿色经济、绿色生活的创意活动和普及工作。必须促进绿色城市群建设，大力发展绿色经济。政府、企业与公民都要广泛参与绿色经济发展，对于公民而言，践行绿色生活方式是我们共同的社会责任。

第二章　城镇资源优化配置研究

第一节　城镇建设中资源优化配置的必要性

一　城镇建设中资源优化配置的必要性

城镇建设中资源优化配置可以融人。中小城镇综合开发运营吸引了大量农民进城。例如，在娄底，通过造城，城北新区从几万人增加到十几万人；双峰县城从三万人增加到现在的十二万多人；溆浦县城从过去的一万多人发展到了现在的十多万人。并且还把大城市的高端人力资源引进了县城，带动了原来建设、消费、生活理念的更新。很好地防范了"过度城镇化"带来的"鬼城""空城"等不可持续的严重问题。

城镇建设中资源优化配置可以融资。资源优化配置能最大限度地发挥民营资本的市场化效率特征，解决了国有资本投入的低效率与政府投资对市场的"挤出效应"，能更好地完善我国市场体制的主导功能。此外，我国县级财政基本上是吃饭财政，根本没有钱来用于投资建设，而县一级事权与财权严重不匹配，县领导处于想做事、要做事，而苦于无钱做事的困境。强大的资本整合能力与带动能力，能有效地整合各种社会资本，促进社会资本有效、快速流动，产生资本的聚集与乘数效应。大量农民进城，解决了城乡二元经济下农民劳动力无法资本化、货币化的问题；解决了"三农"问题中农民总是亏本式经营一亩三分地的生产结构等问题；吸纳国家开发银行等优势金融资本，肯德基、沃尔玛、步步高等优势商业资本，以及战略合作伙伴的开发资本一起进驻县城，产生经济学上的投资乘数—加速数效应。

城镇建设中资源优化配置可以融商。资源优化配置整合了现代商业资源一起进驻县城。例如，湖南大汉集团在中小城镇开发过程中，每实践一个县城，现代化商业元素便跟随大汉集团一起进驻当地，迄今为止，整合了 500 多家建材品牌，1000 多家国内外服饰品牌；战略合作伙伴有沃尔玛、麦当劳、德克士、春天百货、通程电器、家润多、新一佳、步步高、心连心等主力店，希尔顿、温德姆、和一国际等品牌酒店，三星电子、上海大众、万家乐等。现代商业元素的引入，大大促进了县域消费理念的变革、消费水平的升级、消费经济的构建，加速提升了县城现代化进程。有力地促进了消费升级，产生了经济学上另一个乘数——消费乘数效应，驱动了地方内生式经济增长。同时，还防范了特大都市的"大城市病"。县城建好了，牵抑与避免了区域性特大城市人口的过度膨胀，农民在县城用低的生活成本就可以过上大城市一样的现代生活，解决了农民"半城镇化"过高的经济社会代价。

城镇建设中资源优化配置可以融居。资源优化配置融合了农民住房消费的资产性资源。实现了新型工业化、新型城镇化与农业现代化的有机融合。城镇化过程中建造的房子物美价廉，农民买得起、住得舒适，建的市场适销对路。在生活方式上既能传承当地特色，又能享受现代社会文明，解决了大量的"钟摆式"和"候鸟型"人口流动造成的巨大社会成本，抑制了房地产泡沫，促进了城镇化可持续发展。县域城镇化为什么会是一个必然趋势，原因是农村土地与居住制度对规模经济下的大生产方式产生了对农民财富的束缚。农村小生产，一个家庭，三亩地，两个劳动力，怎么也产生不了 6 万元市场劳动价格的产值，农民种地总是亏损。如果把家庭小生产看作是农民经营企业，那么，农民经营的总是一个亏损企业。农村小生产方式不但不能释放劳动力价值，同样也束缚了土地价值。从另一方面看，农民自建房屋，没有规划、没有设计、没有质量监控、没有产权，而且是建了拆、拆了建，一辈子的财富都花光了，又没有市场价值，造成了农民财富的"黑洞化"与资本的"流动性陷阱"。一部分农民进城生活了，把大量宅基地腾出来，进行土地流转，产生了土地流转收益，集中起来的土地进行规模生产经营，真正意义上实现了农业生产结构调整与土地资源高效利用，解决了国家对土地资源充分利用的迫切需求。但是，大规模的土地高效利用与开发需要产业支持，需要大量资金和高端人力、商业资源进行经营。

城镇建设中资源优化配置可以融业。资源优化配置搭建了返乡农民工安居乐业的平台。农民工外出务工，最后绝大多数的人还是要返乡。现在我国正处于沿海产业转移的高峰期，把县城建设好，对接了农民工有一定见识、有一定资本、有一定资源、有一定技术的优势，让他们在县里买房子、办企业、开店子，安居乐业，并通过他们就近转移老年人和小孩子进城生活，解决当前农村"空巢老人"、"留守儿童"等社会问题，把农民由"包袱"变成了"财富"。引导农民工返乡就业创业，缓解了过去"有速度无质量"、城乡二元结构割裂、工业化被动牵引下的人口"候鸟式"迁移的城镇化所带来的弊病。新型城镇化，应是家庭式移民和农民工回归推动工业产业布局的重构过程。父母、妻儿齐进城，既安居，又乐业。由原来"牺牲三代人"的工业化与城镇化割裂开来的发展方式，转变成了"幸福三代人"的工业化与城镇同步发展的方式。

城镇建设中资源优化配置可以融游。历史悠久、人文荟萃、依山傍水、风光秀丽、生态优美，是大城市缺乏的珍稀资源与宝贵元素。随着高铁、高速、航空等交通的日新月异，以及各大经济圈的建设，把县城建设好了，就发掘出了人们旅游、休闲的潜力。资源优化配置依托自然山水和历史人文等生态旅游资源，通过造城搭建生活旅游平台，打造绿色生态和智能型的新型宜居城镇。例如，湖南作为一个中部省份，特别是长株潭地区，正处在中国两条经济高速增长带的交点上，是一个枢纽区域，我们国家的经济增长有四大极，北极是环渤海，南面是广深港，东面是长三角，西面是成渝昆，交点就在长株潭。还有一个好的条件是高速公路和高速铁路的建设，湖南省有8000公里的高速公路，纵横都有十五六条，基本上50公里就有一个高速公路，而每一个县都有2条高速公路，每个县在半个小时之内上高速，整个湖南省就成为一个城市，从长沙到每一个县城和市区车程没有多大差别。这个时候，美丽县城就可以成为城市花园。所以，将县城作为旅游目的地来打造，保护生态环境、保护自然资源、挖掘历史人文要素非常必要。在永顺县、怀化洪江区等地都有了成功的经验。

二　国内发达地区城镇化建设模式及成功经验

苏南模式和顺德模式是我国改革开放以来两大区域经济发展较为成功的模式。它们突破计划经济的束缚，开拓性地率先发展民营经济和外向型经济。区域经济与社会发展都在全国具有领先地位，成为中国经济最强的增长极。这两种模式是"中国经验"的最好注释，是"中国模式"内部多样性的生动表现，它们的变化也必将为其他地区的发展提供宝贵经验。

（一）苏南模式演进轨迹与现代化的转型

"苏南模式"诞生在中国经济最发达、城市密集度最高的江苏，根据苏南模式在各时期的核心发展力量的不同，可以划分为三个阶段：第一阶段是老苏南模式。以创办乡镇企业为发端，以农村工业为引擎，带动了农村经济和社会的全面繁荣，这一阶段又分为两个时期，一是苏南模式初期，以政府主导下的乡镇企业为最核心的发展力量；二是苏南模式成熟时期，以苏州为首接受上海、国外产业转移。第二阶段是新苏南模式阶段。新苏南模式阶段是以私营、外资共同发力、苏锡常全面合作为特点，园区经济发展强劲，产业集聚效应凸显。第三阶段是苏南创新发展模式阶段。苏南创新发展模式阶段是政府提升社会管理和公共服务，帮助企业进一步转型的创新发展模式。

老苏南模式特点如下：一是核心在于城乡一体化。在苏南经济的发展以及苏南模式的创新过程中，城乡一体化贯穿始终。苏南走出了一条特色鲜明的、不同于西方国家的工业化和城市化的道路。二是内源型工业化发展模式。它依靠"内向"型经济起步，其经济增长的主要动力，包括生产因素的聚集、产品市场的获得，主要是依靠地域内部和国内市场。三是突出特点在于核心和主体是乡镇企业，通过发展乡镇企业和非农产业，推动农村的工业化和城市化，进而带动区域经济的迅速发展。四是"苏南模式"中乡镇企业的发展，从为大中城市的工业配套和拾遗补阙起步，逐步推动这一区域的经济结构调整升级和优化。

新苏南模式特点如下：一是坚持以市场为导向，认清自己的优劣势，发展具有自己特色、有竞争力的产品。二是政府尽量减少对企业的干预。企业特别要注意产权明晰，政府主要关注于基础设施的建设，在开发市场方面政府可以起向导作用。三是在农村非农化的过程中，形式可以多种多样，不局限于农村工业化，也可以使农村发展集市经济。

苏南模式实现了地方政府职能适时转变，建立科学合理的政绩考核标准来明确政府职能。寻求"体制外"创新的合法性和变通性，不依赖现有的创新制度，并且坚持城市环保与经济发展并行，走可持续发展的道路，给全国其他区域的现代化发展提供很好的经验借鉴。一是产业结构创新。产业结构创新的提出解决了原来的粗放增长的方式问题，同时还提出由世界工厂到世界办公室转化，世界工厂是指当时江苏的制造业占全世界的2%。当时苏南占到江苏省的比例大概在2/3以上。二是社会结构创新。除去经济的发展之外，城乡的一体化，现代化带动城镇化，以经济国际化促进城镇化，以工业化优化城镇化。它们的经验，相对来讲比较成功。苏南的城乡的收入分配差距是全国最低的地区。三是发展格局的创新。苏南一直在致力推进城乡一体化。发展格局就是指除去经济发展之外，经济、文化、社会、生态之间的全面发展。苏南有一个非常大的特点，虽然它不是全国发展最快的地区，但是它的发展比较全面、比较和谐。

（二）顺德模式演进轨迹与现代化的转型

2002 年 12 月，经国务院批准，佛山市行政区划进行调整，顺德、南海、三水、高明四市分别撤市改区。合并后的佛山毋庸置疑地成为广东第三大城市。顺德等四个城市撤市设区并入大佛山，为佛山参与大城市的竞争提供了有力砝码；而对顺德等四个城市来说，城市合并有利于资源的整合，这为其实现经济和社会发展的新跨越提供了机遇。顺德的演进轨迹与"长株潭城市群"中"长沙"有着类似的地方。顺德改革发展经历三个阶段：一是完成初级工业化和乡村城镇化阶段。根据当时的政策条件和社会实际，顺德着力发展乡镇工业和集体经济，推动企业规模经营。到 20 世纪 80 年代末 90 年代初，顺德初步实现从农业经济向工业经济的跨越。二是建立社会主义经济体制框架阶段。以"三个有利于"为标准，以促进经济发展和社会进步为目标，全面推进以行政体制改革为先导、以产权制度改革为核心、以社会公共管理和农村管理体制改革为延伸、以社会保障体制改革为保障的综合体制改革。三是由农村向城市、由传统社会向现代化社会的新的历史跨越。通过工业化的继续提升和推进城市化并向现代化迈进，通过继续深化体制改革和制度创新，大力发展城市经济。

顺德模式的特点如下：一是削权清单。顺德在行政审批改革中提出"减、简、放、转"四大举措，自我革命压缩政府权力，建设"小政府"。二是商事登记制度改革。顺德实行以"三分离三构建"为核心的改革方案。三是试点法定机构借鉴中国香港、新加坡等地治理经验，推进法定机构试点工作，探索政府执行新模式。四是社会创新中心。顺德筹建社会创新园，并成立首个法定机构顺德区社会创新中心负责其运作。五是群团组织改革。推动群团组织向枢纽型社会组织转型，带动社会组织孵化。六是农村集体资产交易平台。顺德镇街都启动了交易管理所筹建工作，一个公开、公平、公正的基层集体资产交易环境初步形成。七是公共决策咨询制度。制定《顺德区公共决策咨询委员会章程》，从制度建设上对决咨委设立规范。八是"两社三工"服务模式构建社团和社区相互支持，社工、义工和优秀外来工相互补充的"两社三工"社会工作格局。

顺德连续推出行政审批制度改革、农村综合改革、社会体制综合改革三大改革，将改革从体制内向体制外延伸，探索建立与社会主义市场经济相适应的行政体制和社会管理体制，放权赋能为社会"松绑"，构建国际化营商服务环境，探索政府政策执行新模式，打造顺德社会创新策源地，将集体资产交易摊在阳光下向枢纽型社会组织转型，社工专业服务逐渐实现全覆盖，民主决策促进社会公平。顺德的改革为其在实现现代化的发展道路上奠定了坚实的基础。

三 国内城镇化建设"困局"

（一）鄂尔多斯模式与"鬼城"的困局

鄂尔多斯曾是内蒙古贫困地区之一，短短十几年，依靠资源优势，这个曾经的贫困地区一跃成为令人瞩目的全国百强城市之一，我国西部地区前列的重工业城市。2008年，鄂尔多斯地区生产总值达到1603亿元，近8年年均增长32.8%，人均GDP超过1万美元，财政总收入265亿元，发展速度令全国震惊。鄂尔多斯模式铸就了辉煌，同时也埋下了隐患。

首先，以煤炭业为主要推动力的发展模式本身就容易使其陷入"资源诅咒"，即能源产业发展的同时阻碍了其他产业的发展。其次，资源开发必然伴随着环境的破坏，鄂尔多斯在其发展的第一个阶段用40年时间恢复和维持的生态平衡在十几年的时间里就会成为泡影。最后，煤炭业带动了鄂尔多斯房地产业的畸形发展，而因房地产业资金链条断裂酿成了如今的民间借贷危机，这种民间借贷所造成的危害在短时期内是难以修复的。政府、企业和个人作为市场经济的三个主体，是市场经济运行的立足点和展开面。市场经济的发育与成熟，有赖于这三个市场主体的成长与成熟。

一是关于房地产业，政府应注重民生和发展。鄂尔多斯房地产泡沫的产生，其政府从中起到了推波助澜的作用，被称为"鬼城"的康巴什新区就是房地产泡沫一个很好的印证。政府的初衷是创造一个现代化的宜居城市，出发点是好的，结果却是出人意料的失望。在人口仅65万的鄂尔多斯城区，住房出现严重的供过于求，其房地产泡沫存在可见一斑。事实上，放眼全国，出现偏差的城市绝非鄂尔多斯一个，这些城市不仅留下了深刻的教训同时传递着对地方政府的警惕，发展房地产要更多地考虑民生和地方的发展未来。

二是关于民间信贷，政府应鼓励并保护。作为资源型城市的鄂尔多斯对资本市场需求旺盛，但鄂尔多斯的金融尚未来得及跟上经济突飞猛进的步伐。金融机构单一，业务传统，限制严格，无论是理财还是贷款均难以满足企业与居民的金融需求，导致民间借贷盛行，资金投向主要是煤炭、房地产、服务业领域。然而，全球金融危机的冲击、2010年房地产调控政策的出台、鄂尔多斯煤炭业的整改以及高昂的生活成本，不仅阻碍了外来人口的涌入，使鄂尔多斯房地产业有效需求不足，而且导致鄂尔多斯房地产业资金吃紧，民间借贷资金链断裂，社会信用体系濒临崩溃。政府努力营造良好的社会秩序，健全民间借贷服务机制和平台，创新金融服务模式，引导民间资本依法合规进入实体经济，着力推动经济持续健康发展。

三是企业应以市场需求为导向，走集约化发展道路。鄂尔多斯的发展可以将其定性为粗放型发展，这种发展是建立在资源耗费和低劳动力成本的基础上，露天煤矿的开采极大地破坏了草场，动摇了羊绒业的发展基础，短期内经济飞速发展，但却不利于经济的长远和持续发展。为此，鄂尔多斯煤炭业必须走集约化发展道路，通过引进新技术、新工艺、高素质人才等方式提高资源的开发效率，提高产品的经济附加值，创造出属于鄂尔多斯自身的品牌，从资源密集型走向技术密集型，从劳动密集型走向服务密集型。

（二）温州模式与"民间借贷危机"

温州模式作为区域经济发展的典型，一直备受各界学者和社会大众的普遍关注。因为其独特的发展模式，强大的生命力，以及超前的意识，在经济发展初期超越了全国许多地区，成为我国经济发展过程中独树一帜的典型。不过，当经济发展到21世纪的第二个十年时，温州开始步履蹒跚地走进历史。政府"无为而治"，演变成了公共投资不足，市政建设远不如同类地区；企业自主发展，却遭遇产业创新的"瓶颈"，大量实业企业纷纷外迁，一些温州资本则改为参与民间借贷与房地产等炒作，使温州资本大量外流，甚至"热钱化"，经济空心化的趋势日益严重，及至发生2011年的民间借贷危机，一直绵延至今。

一是产业组织形式落后，创新能力不强。经过20多年的发展，温州的企业已经充分显示了活力，但是以小企业和家族企业为主的基本格局没有改变。民营经济总体上散、小、低的特征比较明显。随着区域工业化的进一步推进，这些企业已经表现出创新能力不强的弱点。由于产品同质，相互之间的恶性价格竞争问题十分严重，从而导致了市场绩效的日趋下降。

二是低水平的产业集聚，互补能力不强。温州的产业集聚是以"一乡一业"的形式出现在多个行业、不同地域，同时形成集聚。集聚区内产品和市场的相似性引起无序竞争，缺乏必要的组织和协调，经常造成企业之间相互压价竞销、仿冒、降低产品质量标准等，市场机会和发展空间日益严峻。

三是经济开放度不够，制度供给滞后。改革开放后，温州的民营经济得以迅速发展，国有企业的改制也比较彻底，但是，温州的外向型经济步伐极其缓慢，尤其是在吸引外资方面几乎没有什么进展。随着各地民营化改革的推进，温州改革的先发优势明显弱化，政府无为而治，导致体制的改革与宏观经济管理体制的创新供给不足。

四 国内城镇化经验的启示

目前国内城镇化基本上是以政府为主导的"外生型"现代化，需要对以民众为主导的"内生型"现代化给予足够的重视。借鉴国内外经验，下一阶段的政策方向应该是从以单一政府力量推动现代化向动员和组织全社会力量广泛参与的现代化实践转换。

适时职能转变是实现现代化的基本前提。在发达国家实现经济现代化的过程中，政府的宏观经济管理作用是不可忽视的。实现宏观调控政策的目标，采用的办法主要是财政、货币、计划、汇率等经济手段。因此，在推进现代化建设中，必须建立以经济手段为主的宏观调控体系。同时应加快经济立法工作，西方的经济实践表明，现代市场经济是在法律规范下有秩序的市场经济。在它们推行宏观经济调控中，总是把法律或经济立法置于优先地位。我国要建立宏观调控体系，首要任务是把这一体系建立在法制轨道上。同时，政府可以考虑建立合理的绩效考核标准，平衡 GDP 与客观市场发展需求中政府角色的转变，形成良好的激励效应，政府在市场经济的环境下，更好地发挥公共服务和公共管理职能。苏南模式创立至今，地方政府的角色从直接参与市场经济的乡镇企业模式向行使公共管理职能的"服务型政府"方向转变。地方政府不仅要维护市场，更要参与市场的"培育"。

产业多元化发展是实现现代化的有力保障。城市的生命和活力源于产业。对于一个城市来说，要实现经济的长期繁荣，必须具有在专业化基础上的多元化的产业结构体系。应当承认，只有拥有带动力和辐射力足够强的主导产业，突出产业集群带来的专业化优势，城市才有竞争力；但过度依赖单一主导产业，往往容易造成这个城市与该产业共存共亡的局面，所以只有追求产业结构的多元化和均衡性，才能给城市带来更持久的竞争力。另外，产业兴衰周期、资源要素的比较优势以及市场需求变化，决定了一个城市所拥有产业的竞争优势是动态演变的。主导产业的转型升级或者接替产业的培育，是每个城市特别是大中城市面临的永恒挑战。只有以前瞻性的眼光和思维做好城市的长远发展规划，不失时机地主动推进城市产业的更新换代和升级改造，打造新的增长点，才能保持城市经济的创新力、吸引力。

科技创新引领是实现现代化的根本动力。提高科技创新能力既是率先基本现代化的重要途径，也是持续健康发展、奠定长远优势的必由之路。增强科技创新能力，必须有先进的人才和管理经验，归根结底是"人"的因素，可以说，人的现代化是长沙现代化能否做出新示范、创造新经验的核心因素与先决条件。德国全面实施素质教育对现代化发挥了重要作用。因此，高质量推进学前教育、义务教育、高中段教育，大力发展职业教育与高等教育是长沙实现现代化的根本动力，同时，高度重视农村教育，消除城乡之间的教育差距与不公平，促进城乡教育的统筹发展；加强对城乡居民的思想道德教育和社会主义荣辱观教育，积极开展各种有益活动，构建社会主义核心价值体系，提高全体公民的思想道德素质；加强人的法制观念、诚信意识、行为文明的教育。

加强民生建设是实现现代化的根本目标。现代化建设的成果最终要由群众来评判。为此，我们要立足于提供优质的公共服务和满足广大群众基本需要，实现经济发展和群众生活的同步现代化。一是要以宜居宜业为目标，快速提升综合功能。要积极引导房地产市场健康发展，加快推进老小区综合整治，改善居民居住生活条件，显著提高城乡居民成套房比例。进一步加快保障性住房建设，确保应保尽保。要提高公共交通服务水平，结合城乡功能布点和轨道交通建设，努力构建现代化的综合交通体系。二是要聚焦保障提升。要坚持公办养老、民办养老、居家养老三者结合的发展思路。要进一步加大保障力度，推进城乡居民社会养老保险、合作医疗保险一体化建设。进一步丰富群众文体生活，完善和提升公共文化体育设施。三是要全力解决环境突出问题，提升生态环境质量。全面构建低碳发展的绿色经济体系，提高城乡绿化水平，全面打造天更蓝、地更绿、水更清、景更美的最佳人居环境。

第二节 城镇化建设与区域资源配置

一 城镇建设资源概念

城镇作为一种经济现象，是人类社会发展到一定阶段的产物。小城镇重要的战略地位，决定了推进小城镇建设的重要意义。小城镇建设的方向取决于建设主体具备的经济、社会、环境、资源、人口规模、人文历史等因素。30多年来中国城镇化存在城乡二元结构突出，"候鸟式"城镇化问题；城镇结构失衡，大城市化，小城镇滞后问题；低成本投入、低发展质量、高长远代价问题；部分城市产业支撑不强问题。"新型城镇化"的要求从经济全球化及产业梯度转移时代，向新经济发展方式转变；大中小城市和小城镇协调发展，从口号推进，向行动推进转变；从城乡二元化，向城乡统筹、三化同步转变；从追求速度和规模，向提高城镇人民生活质量转变。从高冲击、高付出，向环境友好型、资源节约型转变。城镇化建设成为城镇化的主要载体，更利于发展内需型经济，更利于城乡统筹，更有利于区域统筹，更加节能、更加环保、更加成本低。城镇建设资源需要人口质量、结构、经济水平、生活质量、环境质量、基础设施状况、科学文化水平、城市服务功能、社区结构、社会安定与治安状况等的全面优化。

二 资源配置与城镇建设

（一）自然环境对城镇建设的影响

城镇存在于自然环境之中，山、水、林、田、湖、城等自然环境对城镇的建设和发展有决定性的影响。自然环境与城镇的形成、发展有着生命共同体的关系，不仅为城镇居民生存提供所必需的条件，同时对城镇的自然循环、自然平衡和有序发展都有相当大的作用，在一定程度上还影响着城镇的生活方式。

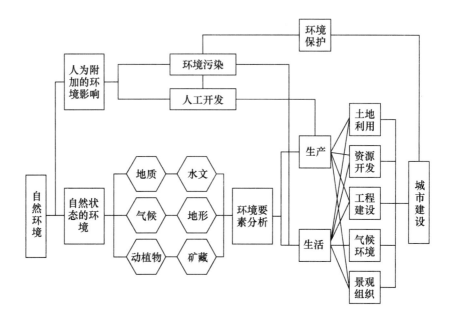

图 2-1　自然环境与城镇建设的关系示意

（二）地理位置对城镇建设的影响

位置或区位是一个相对的概念，是一个事物相对于另一个事物的空间状态。城镇与区域地理条件的关系可以集中表现在城镇与自然、经济、政治等区域地理要素的相对空间关系方面，即地理位置对城镇的形成和发展具有重要的影响作用。

地理位置有好坏之分，好的地理位置有利于城镇自然、经济、政治等客观事物在空间上相结合。城镇发展不平衡很大程度上是由于地理位置所造成的产业集聚和原始积累的因素。但是城镇的地理位置是城市及其外部的特点，城市地理位置的特殊性，往往决定了城市职能性质的特殊性和规模的特殊性。它往往随着有关因素的变化而发生变化，有时甚至是突变，一个城市的人口集聚、经济发达、智能完善、规模扩大等是可以改变的，例如铁路、公路、内河、海运、空运等多种交通方式以及互联网可以改变城市地理位置的有关因素，提高城市的地理位置优势，促进城市的发展。

（三）文化对城镇建设的影响

文化是凝结在物质之中又游离于物质之外的，能够被传承的国家或民族的历史、地理、风土人情、传统习俗、生活方式、文学艺术、行为规范、思维方式、价值观念等，它是人类相互之间进行交流的普遍认可的一种能够传承的意识形态，是对客观世界感性上的知识与经验的升华。城市是人类文明的发祥地，生活在不同区域的人们，通过世代人类的不懈努力和创造，逐渐拥有了自己独特的发展历史，开拓了属于自己的生存和发展空间，因而也拥有了自己独特的地域文化。在现代社会，文化传承着宗教、信仰、风俗习惯、道德情操、学术思想、文学艺术、科学技术、各种制度等社会行为方式的一切特征。因此，作为人的本质力量的外在显现，文化会指引人类认识世界的方法和观点，文化通过文化模式和文化观念对城镇的发展产生影响。

文化模式通常就是指一民族在特定的环境中创造、累积的各部分文化内容之间彼此联系而成的系统文化的结构表现。它反映了一个地区特定的人文历史境遇，也构成了这个地区基本的人文特色。文化模式是社会群体在长期的共同生活中逐渐形成生存需要、社会组织的需要、稳定和保护的需要、知识和学问的需要、自我表达的需要、宗教表达的需要，这种需要得到了社会群体的一致认同，从而使其超越了个体存在的价值观念。选择有自身的社会价值趋向的文化模式有了较强的稳定性，也使文化模式一经形成，就以其特有的方式对特定区域的经济、政治、社会交往等领域的各种规矩、习俗都产生了影响。

文化观念是指长期生活在同一文化环境中的人们，逐步形成的对自然、社会与人本身基本的、比较一致的观点与信念，从而影响人们的行为模式。发展经济是人类为追求更美好的生活方式而采取的一种主动行为。人类行为所依据的价值体系及其规范、人类行为习得的"符号"体系都由其价值观念支配。因此，从某种意义上说，区域经济的变革往往是从文化观念的更新开始的。文化观念更新对区域经济发展模式的转变起着巨大的推动作用和指导作用。优秀的文化传统观念可以促进经济发展。如乐于助人，致富之后往往不忘乡里邻居，能带领大家一同致富。落后的文化传统观念则会制约经济发展。如"均贫富"等平均主义思想造成的人们因循守旧，缺乏创新精神与商品意识。先进的文化观念可以将蕴藏在区域内的经济潜力充分发挥出来，资源优势才能转化为经济优势，将对小城镇的发展产生积极的推动作用。

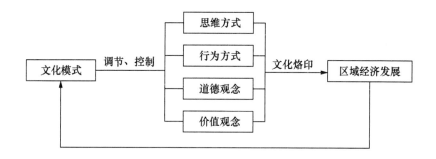

图 2 - 2　文化模式对经济发展的影响

（四）人口对城镇建设的影响

自 1972 年联合国人类环境会议提出"连续的和持续的发展"新概念以来，迄今为止，主要涉及人口、资源、环境、经济发展、社会发展 5 个领域。新型城镇化的核心是人口城镇化，人口在五者中处于比较重要的地位。人口与社会发展、环境、资源、经济发展密切相关（如图 2 - 3 所示）。随着城镇化水平的提高，大量的人流离开了传统赖以为生的土地流入到城市，城市规模与人口数量迅速膨胀。2013 年，我国的名义城镇化率为 53.73%，人口城镇化率仅为 36%，远远低于 2012 年世界人口城镇化率 52% 的平均水平。要实现"人的城镇化"，首先要使人口城镇化率达到一定水平。城镇化要实现包容性增长，"重头戏"是解决好农民工市民化的问题。到 2020 年着力解决好"三个一亿人"问题，前两个"一亿人"的主体是农民工，后一个"一亿人"中也有不少是农民工。因此，要按照"公平公正、分类推进、统筹规划、稳妥有序"的原则，稳步推进户籍制度改革。根据城市规模和综合承载能力，由各类城市制定公平合理的农民工落户标准，引导农民工形成合理预期和流向。建立健全户籍和居住证并行、补充衔接的人口管理体系，逐步建立城乡一体、以居住地为依据的人口登记制度，最终消除城乡分割的二元户籍制度。要运用公共资源和市场机制，引导人口有序迁移和适度聚集，在城市群、特大城市和大城市、中小城市和小城镇之间形成合理的人口分布格局。同时要合理控制特大和超大城市人口规模。

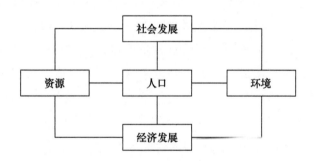

图 2 - 3　人口在城镇建设中地位和作用

第三节　城镇化建设资源配置原理研究

一　县域城镇综合开发运营中的特色原理

我们理解的特色是做到"人无我有、人有我优、人优我新"。现在，中国城市建设中千篇一律，万城一面，同质化的问题非常突出，过分依赖于一些不成熟的技术手段进行简单的复制，对中小城镇综合开发运营的均质化处理，丧失了中小城镇生存的空间与价值。对人口流动、工业化、产业结构、投资需求、消费动力、经济增长、资源开发、生产生活特点、地理地质、承载能力等区域性特色，缺乏深入研究，盲目建设，贪大求全，造成下雨成海、下班长堵、上学难、看病难、观景成了看人等"城市病"，更有甚者，变成了"鬼城""空城"。有人认为，现代化的城镇开发建设，是程序化、格式化的产物，是流水线的生产，无特色可言。一方面，就算是有学者、专家提出了很好的城镇建设研究成果、开发理念、规划设计，但是，往往在具体建设的过程中，理论是理论，操作是操作，互不相干，没有血肉联系，被地方政府或开发商所剥离，无法将学者、专家的研究成果很好地运用于开发建设与后续运营之中，造成城镇建设科学研究与开发"两张皮"现象的原因有很多，主要是制度化的顶层设计缺失，对城镇化研究不重视，理论与实践脱节。另一方面，目前国内城镇研究大多集中在大中城市，对中小城镇化的研究力度很有限，有的也只是停留在简单的本本主义、教条主义、形式主义层面上，由于地方政府、开发企业、科研机构投入不足，基层科研力量不强，政府、企业、科研机构的利益博弈等，造成了中小城镇综合开发运营领域具有实际指导价值的、有针对性、能解决实际问题、有特色的研究成果长期处于空白。

中小城镇综合开发运营正好解决了上述两方面的问题：第一，中小城镇资源十分有限、承载能力非常脆弱，经济实力与科学文化都十分落后于大中城市。因此，一旦规模化开发建设与长期性城市经营，势必有巨大投入而增大风险，从市场经济的投资与回报的资本有利性原则出发，是企业投资的原始动力，有效发挥了资本的效率、化解风险、协调要素创新、撬动经济发展。所以，进行中小城镇综合开发运营第一步就是自主投入，政府引导，市场主导，全面、系统地做好特色性城镇综合开发运营的科学研究。例如，大汉集团在湘西自治州国家级贫困县的开发就是在"带着感情而去，带着压力签约，带着希望行动"，邀请国际、国内与区域民俗性专家对当地历史人文、山水特色、经济结构、资源生态、发展方向做了科学的判断后，做出打造"国际土家文化之都"、具有世界性历史文化特色的精品民族县城的决策。该项目开发成功后，成为湖南省乃至全国经济落后、贫困民族县进行特色城镇化发展的典范，吸引了大量的政府、企业代表考察、总结。第二，以企业为主承担中小城镇综合开发运营的前期科学研究，有效解决了理论与实践相互脱节的问题，从而科研创新主体自动由政府、科研机构承担向企业转移。实现了城镇化研究、规划设计与开发建设的无缝对接，且企业的城镇化研究针对性强、可操作性好，能有效解决实际问题，同时很好地解决了政府、科研机构投入不足的问题。聘请知名学者、专家、经验丰富的企业家、地方政府领导、年轻博士、地方民俗专家等组成研究团队，来解决地方性城镇发展研究中特色不突出、人才不足的现实问题。从经济学来讲，每个中小城镇都具有一定的绝对优势、相对优势或自然禀赋优势，把这些特色性优势挖掘出来，富含个性化的中小城镇就会如花般绽放。

二　县域城镇综合开发运营中的绿色原理

生态环境的重要性不言而喻，人类不过是生态链中的一个组成部分，但是城镇开发建设中，破坏环境、耗损资源、影响生态的事情不是个案。中小城镇与大中城市相比，自然禀赋优势在哪里？肯定不是经济、交通、文化、工业、人才等优势，而生态环境作为人类赖以生存的根基，在大中城市日益稀缺，却在中小城镇悄无声息地绽放，那里空气清新、环境优雅、风光旖旎、山势崔嵬、云蒸霞蔚，不自雕琢、巧夺天工，人们日出而作、日落而息，好一个世外桃源、好一首田园诗歌。

生态经济学、环境经济学指出，生态环境资源的稀缺对经济的诱致作用在于生态环境资源的高成本与替代性要素的创新。而在我国的中小城镇综合开发运营中，更多的是体现在对区域经济圈层、生态圈层、府际圈层、产业圈层的功能互补、对大中城市病的根治的要素创新，从而加强对中小城镇综合开发过程中的生态环境保护、产业结构的调整，加强区域性碳交易对中小城镇生态环境的货币性要素流动。

城镇开发不仅加强对生态环境的充分利用、保护性建设，更重要的是充分发挥生态环境在根治大城市病中所发挥的作用，协整县域区域圈层结构、功能，创新生产要素，例如，湖南强化中小城镇交通要素及"三网合一"的信息化要素，在百万人口农业大县双峰，首要任务就是打通 320 国道的连接线，将县城功能优化、产业调整、吸引农民进城；在岳阳云溪，首要任务是打通高速连接。县域与国道、高速、县际快速干线接通后，昔日养在"深闺人未识"的中小城镇生态环境资源才能成为"大家闺秀"，走上 T 形舞台，为区域经济社会和谐发展贡献力量。一个个中小城镇在快速干线的连接下，如同大中城市一个个各具特色的后公园（有的县域是民族公园：如永顺，有的县域是森林公园：如石门，有的县域是历史文化公园：如洪江等），大中城市的人们利用便利的交通，在大中城市工作之余与节假日，去县域旅游、休憩，或置业，或租赁，或创业等。我们还根据现代信息化发展的需要，在每个开发的县域都投资引进了先进的"三网合一"设计，让县域城镇化发展在撬动经济社会时搭上现代信息科技的高速列车，同步增长前行。这样，县域的生态环境资源得到了充分利用、保护性开发，同时又促进了经济发展，解决了很多农村富余劳动力的就业，调整了农村产业结构，促进了农村消费，有助于解决我国土地资源的紧缺问题，并进行农村土地的集约化生产、经营。可谓一举数得，关键是要将生态环境资源的开发利用的可持续进行科学顶层设计。

城镇化的发展过程中要融合可持续发展要素，反对千篇一律在地级市建国家级工业开发区、县里建省级工业经济开发区。有些地级市传统上是由于管辖的需要而设计，根本不具备发展工业的条件，发展工业将是一种破坏。特别是在每个县城建工业园区，本来国家对县城的规划面积就十分有限，县城周边的土地非常珍稀。建一些资源型、生态型经济的中小工厂，无疑是对县域生态环境的巨大破坏、很不利于经济社会的可持续发展。这方面问题很严重。所以我们中小城镇综合开发，在可持续发展的探寻中，融合的产业要素、对县城建设一些价值不大、前景不好、生态环境有破坏、资源耗损严重的产业持否定态度，而是融合现代服务业（旅游、休闲、养生等）、现代商业（酒店、百货、服饰步行街等）、新型制造业（万家乐、新型高科技建筑材料等）等进驻县域，创造了经济学上的乘数——加速效应。例如，在湖南娄底市娄星区开发建设经营了十五年、在农业大县双峰、山区大县溆浦都创造了开发建设十来年、各地城镇人口增加十余万，解决农民工返乡创业、就业人口上万人，创造了高品质住宅性开发的均价与当地政府性经济适用房价格相同的奇迹。关键就在于深刻理解了中小城镇综合开发运营的内在需要，理解了中小城镇综合开发运营中核心要素的创新作用、生态环境资源的价值所在与开发的前景。

三　县域城镇综合开发运营中的古色原理

中华文明历史悠久，历史文化遗存丰厚。下面以湖南县域城镇为例，说明综合开发运营中的古色原理。

湖南位于江南长江中游地区，东临江西，西接重庆、贵州，南毗广东、广西，北与湖北相连，是典型的江南丘陵地理地貌，因大部分地域处洞庭湖之南而得名，因湘江贯穿省域南北，又简称"湘"。据传，自古境内广植芙蓉，唐代诗人谭用之有"秋风万里芙蓉国"之句，湖南故有"芙蓉国"之称。湖南历史悠久，人文荟萃，名人辈出，"惟楚有才，于斯为盛"。湖南物产富饶，素有"湖广熟，天下足"之誉，是著名的"鱼米之乡"。省境依江畔湖，风景秀丽，是海内外闻名的休闲、旅游胜地。境内还有诸多国家级、省级自然保护区，森林、地质、湿地公园，风景名胜景观绚丽多彩。依托优越的旅游资源发展城镇化建设，具有得天独厚的条件。

湖南在原始社会时为三苗、百濮与扬越（百越）之地，据衡阳市、宁乡县、安乡县、津市、澧县、道县和平江县等地考古挖掘出土的文物证明，湖南境内在40万年前有旧石器时期的人类活动，早在一万多年前就有种植稻谷，早在五千年以前的新石器时代湖南的先民就开始过定居生活。

湖南在夏、商和西周时为荆州南境。春秋、战国时代属于楚国。秦始皇设黔中、长沙两郡；汉世宗之后属荆州刺史辖区，辖武陵郡、桂阳郡、零陵郡、衡阳郡和长沙郡；三国时属吴国荆州，为荆南五郡；西晋时分属荆州和广州；东晋时分属荆州、湖州、江州；南朝宋、齐、梁时分属湘州、郢州和小部分荆州，南朝陈时分属荆州、沅州；隋文帝开皇九年（589 年）平南陈，而统一全国后，在湖南设长沙、武陵、沅陵、澧阳、巴陵、衡山、桂阳、零陵八郡；唐玄宗开元二十一年（733 年）时分属山南东道、江南西道和黔中道、黔中道黔州都督府，唐代宗广德二年（764 年）在衡州置湖南观察使，从此在中国行政区划史上开始"湖南"之名；五代十国时期，马殷据湖南，建立楚国，国都为长沙。

北宋时，湖南分属荆湖南路和荆湖北路。这时洞庭湖区得到大规模开发，湖南在全国的地位迅速上升。宋代全国四大书院，湖南即得其一。北宋末年，湖南人口达 570 多万。元代时属湖广等处行中书省（省会武汉），设湖南宣慰司于衡州路（今衡阳市）；明代时属湖广布政使司（省会武汉）；清圣祖康熙三年（1664 年）分湖广为湖广左、右布政使司，其中右司下设衡永郴桂道、长宝、岳常澧、辰沅永靖四道和衡州府、长沙、宝庆、岳州、常德、辰州、沅州、永州、永顺九府。清世宗雍正元年（1723 年），改湖广右布政使司为湖南布政使司，迁长沙，湖南正式作为省级行政单位。

中华民国时，湖南废除府、厅、州，保留道、县两级。民国三年（1914 年）全省下设衡阳道、湘江道、辰沅道、武陵道四道。民国十一年（1922 年）道制撤销，仅存省、县两级。

民国二十六年（1937 年）12 月普遍设立行政督察专员公署，全省划为九区；1938 年全省调整为 10 个行政督察区；1940 年 4 月全省调整为 10 个行政监督区，各区辖 6—10 个县不等，并成立长沙市（1933 年）、衡阳市（1942 年）两市。民国三十八年（1949 年）国民政府退守台湾以前，全省有 2 市、10 个行政监督区、77 个县，湖南省政府驻长沙。

中华人民共和国成立以后，初期设置长沙、株洲两个省辖市，长沙、衡阳、郴县、常德、益阳、邵阳、永州 7 个直属专区，湘西行政区及所辖永顺、沅陵、会同 3 个专区。2002 年末，全省共计划分为 14 个地区（13 个地级市和 1 个自治州），122 个县级行政区包括 34 个市辖区、16 个县级市、65 个县和 7 个自治县。

湖南在近代发生了许多重要的历史事件。1852 年，曾国藩受命在衡州府（今衡阳市）组建湘军，镇压太平天国运动。在 1898 年，湖南是唯一支持戊戌变法的省份。1899 年和 1904 年，岳阳、长沙先后被开辟为商埠，常德、湘潭增列为"寄港地"。1903 年，黄兴创立华兴会，成为同盟会和国民党的主要创始人之一。1926—1927年，北伐战争期间，湖南农民运动声势最为浩大，农会成员发展到600 万人。1936 年，粤汉铁路全线通车。抗日战争期间，中国军队在湖南省境内进行过几次极其惨烈的抗击日军的战役，包括衡阳战役、衡阳会战、长沙会战和常德会战等。

湖南"十里不同音、百里不同俗"，在开发湖南县域城镇时，应对当地历史人文进行细致入微的研究与剖析、力求别具一格、融通古今、特色鲜明、不拘泥于条条框框，一定是根植于对历史文化深刻理解、对民俗风情融会贯通、对传统文明继承发扬、对村落伦理现代改造来规划设计中小城镇综合开发与可持续运营发展。例如，开发的绥宁县苗族风情项目、新化县文塔项目、双峰县国藩广场项目就对历史传统文化进行要素契入，做到保守而不守旧，将传统与现代完美结合，对当前县域"空巢老人"面临的文化衰落、对留守儿童面临的传统文化断层进行了有效嫁接。在一定程度上改善了西方式现代化进程中所带来的民族性特质的陨落。这些项目都得到了成功开发，对中小城镇化发展起到了积极的推动作用。必须依据县域"特色、绿色、古色"特征，科学规划，描绘县域未来。融入了特有的地形地貌、丰富的历史人文、独特的民俗风情和美丽的生态环境。注重对县城的整体包装，成立专门的旅游公司来挖掘县域稀缺的旅游、休闲资源，打造具有人类瑰宝价值、世界级与国际性交相辉映的宜居、生态、旅游文化县城。

第四节　城镇化建设资源配置途径研究

一　要突出以人为本，注重和谐发展

城镇化的根本目的，是让更多居民享受现代文明生活方式，促进社会和谐进步。我国城镇化最突出的问题就是半城镇化，进城农民在就业、社会保障、小孩就学、住房等方面不能享受到同等待遇，农民进城的成本高，无法真正融入城市生活。这种半城镇化状态严重影响了我国城镇化进程。要打破这种半城镇化状态，就要充分尊重进城农民，以人为本，为其创造宜居"宜业"和谐的环境，让农民工市民化，真正实现人口城镇化。为此，要进一步强化城镇的综合承载能力，完善交通、电力、供水、燃气等基础设施，统筹规划教育、医疗卫生、促进就业、社会保障、商业网点、金融保险等公共服务设施，加大保障性安居工程建设力度，大力改善居民居住条件，同时要消除对进城农民在就医、就业、住房、小孩就学、户籍等方面的歧视，实现公共服务均等化，降低他们的迁移成本，真正让他们进得来，留得住，过得体面，共享发展成果和城市文明。

二　要坚持以科学规划为引领

规划对推进城镇化具有重要的先导和引领作用。规划做得好将会带来巨大效益；相反则会造成巨大损失。如日本、韩国的城市化高速发展，以及城市建设和管理上的成功，重要的是得益于高起点规划的引领。巴黎19世纪规划建设的地下基础设施现在仍在使用。北京2016年8月下大雨到处积水，而故宫却没有积水，主要得益于明永乐年间修建、距今已近600年、目前还在北海团城服役的雨水工程。反面教训也是相当深刻的，许多工程刚建好，马上就挖了，由此造成的浪费非常巨大。因此，一定要高起点、高质量、高水平做好规划。同时，要充分发挥规划的引领和调控作用，保证规划的严肃性和权威性。

三　要发挥产业支撑作用

推进城镇化，必须加强产业支撑，提升转化农民、吸纳就业的能力，夯实城镇化的经济基础。要着力优化产业布局。围绕构建城镇化战略格局，优化重大生产力布局，推动生产要素向重点发展的国家级城市群和区域型城市群集聚，加快壮大产业规模。要把转变工业发展方式和调整工业内部结构作为重点，改造提升传统产业，培育壮大新兴产业。强化城镇体系专业化分工协作，提升中小城市的产业承接能力。逐步形成大中小城市和小城镇分工合理、特色突出、功能互补的产业发展格局，为形成合理的城镇体系提供基础。着力提高城镇服务业比重，营造有利于服务业发展的政策和体制环境，坚持生产性服务业与生活性服务业并重、现代服务业与传统服务业并举、拓展新领域、发展新业态、培育新热点。鼓励特大城市和大城市加快形成以服务经济为主的经济结构。要继续加强农业基础地位。采取综合措施，转变农业发展方式，完善农业现代产业体系，促进农业生产经营规模化与现代化，切实保障城镇化、工业化与农业现代化协调同步，以农业的现代化筑牢城镇化、工业化的基础。

四　要不断提高城市管理水平

城市管理无小事。事关保障和改善民生，事关党委和政府形象，事关经济社会发展大局。在管理理念上，要从重管理向重服务转变，坚持以人为本、服务为先。要把"为人民服务"作为城市管理工作的出发点和落脚点，把"为广大人民群众提供一个整洁优美、秩序良好、生活方便的城市环境"的指导思想贯彻始终。在管理主体上，要由传统的以政府为单一主体向政府主导、社会共建模式转变，坚持多方参与、共同治理。比如说市政设施维护、城市园林绿化养护、清扫保洁、渣土清运等，可以运用市场化方式选择专业化公司或社会组织承担。在管理方式上，要从重管制向更加重视依法、协商、协调转变。要积极推进依法行政，严格执法、文明执法，要杜绝暴力执法，野蛮执法。要改变传统主要通过管、控、压、罚实施城市管理的方式，更加善于运用群众路线的方式、民主的方式、服务的方式，正确协调各个方面、各个层次、各个群体的利益诉求，实现城市秩序和群众利益的有机统一。

五　要创新体制机制

推进城镇化，必须进一步大胆探索，破除体制尤其是城乡二元体制的障碍。只有不断推进土地、财税、行政管理等各方面体制机制改革，才能为城镇化的健康有序发展提供保障。深化土地管理制度改革。坚持最严格的耕地保护制度和集约节约用地制度，按照管住总量、严控增量、盘活存量的原则，推进土地管理制度的改革，促进土地资源节约使用和优化配置，既要适应城镇化发展需要，又要保障农民权益和保护耕地资源。要积极探索符合规划、经批准使用农村集体建设土地的城镇经营性项目由农民或农村集体经济组织以多种方式参与土地开发经营的有效形式。要在保障用益物权的前提下，探索允许农民进城落户后依法自主处置承包地、宅基地等农村土地的有效形式。要根据优化城市化布局和促进农民工市民化的要求，实行差别化的土地利用和管理政策，提高耕地占用成本，鼓励使用低丘缓坡荒滩等未利用地建设发展城镇。新增建设用地要向重点建设的城市群倾斜，向吸纳农民工人数较多的城市倾斜。要强化各类建设用地标准控制，提高单位土地面积承载人口数量和产业产出强度。深化财税金融体制改革。要建立中央和地方财权与事权相匹配的财税体制，提高地市与县级财政能力。要调整财政支出结构，将更多资金投向公共服务领域和社会发展领域，逐步实现人均公共财政支出大体相等。按照常住人口规模安排财政转移支付，通过完善税制、增加直接税形成地方税收随人口增长的机制，建立激励吸纳外来人口、扩大就业的长效机制。要合理确定土地出让收入在不同主体间的分配比例，将土地出让收入纳入公共财政进行管理，提高土地出让收入的使用效率，减少地方政府对土地财政的依赖。要按照市场规律建立多元化的地方政府融资渠道，推动民间资金投资建设经营性基础设施，鼓励和吸引民间资金参与准公益性项目建设，切实解决城镇化建设中的资金短缺问题。

第三章　绿色消费与城镇资源优化配置研究

第一节　绿色消费空间与城镇发展的
耦合互动关系

一　传统的消费空间布局对城镇优化建设的忽视

（一）重视经济效益，忽视生态、社会效益

传统消费空间，一般只重视经济效益，而忽视社会效益、生态效益。由于消费空间主要为工业和第三产业，是 GDP 的主要载体，单位面积产生的 GDP 高，而生态空间、农业空间因为缺乏直接经济效益，或者单位面积产生的 GDP 极低，因此，各地在唯 GDP 观驱使下，纷纷大力发展工业和第三产业，并且对发展工业和第三产业的土地使用缺乏规范管理，导致各地消费空间规模不断扩大，对生态空间、耕地任意地、无节制地占用，大量侵占城镇周边及各地的生态和农业空间，导致消费空间对生态空间、农业空间的挤压明显，生态空间、农业空间日益缩小，因而也降低了城镇及周边区域的生态承载力。同时由于任意布局，大量占用土地，消费空间土地利用效率也不高。另外，传统的消费空间布局，也过于市场化，而消费空间扩张缺乏有效规划，导致一些发展快、经济效率高的地区，过度集聚，而一些发展慢、经济效率低的地区，难以吸引企业，因而导致区域发展两极分化。但过度集聚的地区由于集聚过度，导致企业拥挤，污染、供电不足，交通拥挤，生态环境恶化，

这些又进一步导致消费空间的效率低下，需要花费更多的精力、资金治理。

（二）消费空间产业选择缺乏合理规划，导致生产发展对区域生态环境的破坏严重

传统生产发展模式，对区域产业发展缺乏合理规划，只要有利于区域 GDP 提高的产业均发展。而许多地区工业化过程中，为了快速发展，优先选择进入门槛低的、技术含量不高的、附加价值低的资源采掘业、资源初加工业、高污染产业发展，如煤炭、钢铁、水泥、化工等，导致这些产业过度发展，致使产业发展低端化。而这些产业的发展需要大量开采资源、能源，导致对资源环境的极大破坏；传统企业生产，一般只重视单一资源的利用，而忽视对资源的综合利用，也导致资源过度浪费，不仅降低了资源利用效率，而且加大了对资源环境的过度破坏；同时，由于资源的大规模开发和浪费导致废弃物的大量排放，许多有用资源也作为垃圾被排放而成为污染，导致区域大范围的污染，污染的排放也导致区域生态承载力下降；许多地区为了加快这些工业发展，不惜牺牲环境，采用低端技术，甚至已经被淘汰的传统技术，大量建设小化肥、小钢铁、小水泥等，更加加大了资源的浪费和污染的排放。因此，初级产业的发展和传统低效技术的使用导致消费空间高消耗、高排放、高污染、低效率，极大地破坏区域生态环境，成为区域生态文明建设的极大障碍。

（三）忽视消费空间与生活、生态空间的协调，增加了资源的浪费

传统的消费空间布局与生活、生态空间缺乏协调，消费空间的布局并不考虑生活空间、生态空间的布局。一方面，一些消费空间远离生活空间，工人上班地与居住地相距过远，工人上下班花费时间多，也导致交通的拥挤，用于交通的能源消耗过多，而过多的交通能源消耗又污染环境；另一方面，消费空间与生活空间混杂，生产与生活互相影响，降低了生产与生活空间效率。同时，许多消费

空间的布局并未与生态空间布局协调，导致消费空间环境恶劣，极大地影响了工人们的身体健康。

（四）消费空间布局不合理，导致效率低下

从单个企业看，传统的企业布局，受企业管理者个人意愿影响明显，加之各级政府缺乏规范管理，企业布局只重视单个项目的经济收益，随意布局明显，消费空间散而乱，缺乏企业之间的配套、组合，不仅导致企业对土地的过多占用，而且导致企业配套条件不佳，企业间协作成本高，增加了企业运营成本，降低了企业效益；也导致污染扩大，影响了区域的生态环境。

同时，各区域消费空间的布局缺乏协调，导致消费空间的协作成本增加。如资源地与加工地相距太远，上游产业与下游产业相距太远，制造业与服务业不能配套等，这在一定程度上也增加了企业的协作难度，增加了协作成本；导致过度运输，致使交通运输设施占地和交通运输能源消耗过多；也导致土地、能源等资源的浪费，降低了资源的利用效率。

二 城镇空间是绿色消费载体也是绿色消费品

城镇中的绿色消费活动是依附于相应的空间之上，因此绿色消费可以视为"空间中的绿色消费"，空间是绿色消费活动得以发生并延续的物质载体，只有绿色消费活动和城镇空间相结合才能产生绿色消费空间，如购物与城市空间相结合形成商场、游玩与城市空间相结合形成游乐场等。在绿色消费社会中，城镇的功能趋向复合化、多元化，绿色消费空间及其形式也不断地丰富与拓展，绿色消费突破原有的空间开始向城镇的方方面面延伸和渗透，公共广场空间、公益性空间、文化体育空间等都充斥着绿色的气息，这使城镇中绿色消费空间与其他非消费空间的界限日趋模糊，城镇中可以承载绿色消费活动的空间也越来越多。因此，可以说在绿色消费社会中，城镇空间成为绿色消费的载体，并需要不断满足随着绿色消费发展而来的日益扩张的空间需求。

不同于早先将空间视为静止的容器的传统认知，空间生产提出了对空间新的理解方式，列斐伏尔认为，空间像其他商品一样，既能被生产，同时也能被消费，空间也是一种消费对象。绿色消费社会中，城镇空间已从过去资源的消耗者、体现者转变为资源的保护者。空间的绿色消费行为存在于当前中国的社会中，正如我们在西湖边品茶、在迪士尼乐园中游玩，我们正是在无形之中消费了空间。转型期的内外制度环境推动了中国城镇建设的快速发展，随着符号消费、体验消费、图像消费等消费内涵的不断丰富，资本终于找到了一个可以大规模地对城镇空间进行彻底的生产和再生产的有效办法。特别是由于空间作为一种稀缺资源的同时又是地方政府可以运用行政权力直接支配、组织的重要竞争元素。因此，地方政府更加速了城镇空间从消费发生的先决条件和场所向消费社会的生产消费体系中同样具有使用价值和符号价值的商品的转变。与此同时，列斐伏尔认为在空间的消费中不应简单地将消费视为一种消极否定的行为，而应当将消费场所理解为一种自由的、具有创造性的生活场所，这也使得以地方政府为首的多元主体开始探索应对当前发展需求的消费空间生产的新范式。

三　绿色消费空间成为推动城镇空间演替的工具

西方消费社会的城市发展揭示了消费能够影响人们对城市空间的认知和实践方式，带来了城市空间在景观特色、功能布局、空间类型等方面的新变化。在西方消费社会时空观的影响下，中国的城镇发展同样也已经发生了潜移默化的变化，呈现出城镇的快速更新、城镇特色的趋同等时空变迁痕迹因此不难理解，消费空间已经为空间扩张、更新改造等城镇空间生产的行为提供了重要的推动力，这也给包括城市规划在内的城镇发展方式带来了新的挑战。正如莱姆库哈斯所说：在消费时代，城市密度、尺度、速度都抛弃了传统的形式和规律，只有承认传统建筑学之外的更宏大力量，才能从各种限制因素中寻找到新的发展机会。

与此同时，在消费社会里，城市空间变迁是建立在消费逻辑开始控制、主动创造各种消费需求的基础上，因此强有力地塑造了城镇空间。正如列斐伏尔所说，征服和整合空间已经成为消费主义赖以维持的重要手段。作为一个整体的空间已经成为生产关系再生产的场所，由于空间带有了消费主义特征，因此空间也把消费主义关系投射到了日常生活中，而政府则是这些群体中最不可忽视的一部分。西方经历了由生产城市向消费城市的发展历程，从"二战"后大规模郊区化到 20 世纪 70 年代的老城复兴，消费空间与城市发展重心的战略性耦合布局成为城市空间演替的保障。列斐伏尔曾指出，国家日益渗透到了公民社会之中，使整个空间带有了政治化特征，控制着生产的群体也控制了空间的生产，这一论断揭示了空间生产所具有的政治含义。因此，消费空间对城镇空间演替的影响不仅仅是一种结果，更应被视为政府对时代发展背景的主动性适应和战略性手段。如今中国快速城镇化的进程中同样经历着城镇空间的演替，城镇内部的用地更新、城镇外围的郊区化、全球化和本土化共同影响下的城镇面貌塑造等城市建设多轨并行，这其中处处彰显着地方政府对空间的主动性生产的行为。特别是在绿色消费和城镇转型的交织背景中，绿色消费内涵的变迁使消费空间生产的对象也由空间本身扩展到了空间所蕴含的绿色价值，包括生态意识的、高层次的理性消费行为，涵盖生产行为、消费行为的方方面面。绿色已经超越了其自身的意义和真实性走向大众化的现实，并且融入绿色消费空间的生产过程中成为城镇空间塑造的隐秩序。当前在全面建成小康社会的实践过程中，生态优良、环境友好成为不可或缺的重要元素，而生态安全、生态文明与生态建设的物质承载基础正是绿色生态空间。因此，如何合理利用消费空间生产这一战略工具，需要政府积极探索绿色消费空间生产的新范式。

综上所述，在空间生产理论的解读下，绿色消费空间与城镇发展呈现出耦合互动的关系。城镇空间不仅仅是绿色消费的重要承载主体，更成为绿色消费的重要对象，这导致了"空间中的消费"向"空间的消费"的转变；另外，绿色消费空间推动了城镇空间演替，但这不仅仅是一种被动的结果，更是政府主导下对空间的过程干预和塑造以及对城镇发展需求的主动适应。面对绿色消费空间与城镇发展之间的耦合互动关系，绿色消费空间生产则是二者之间联系的主要桥梁。这也决定了绿色消费空间生产的过程一方面应充分挖掘城镇空间的绿色商品价值以满足消费发展的需求；另一方面应顺应城镇发展的内在需求，成为推动城镇空间演替的战略工具。

第二节　绿色消费空间的生产的内在逻辑

一　通过绿色消费空间的集聚效应打造新城镇

（一）以绿色消费空间打造新城镇的价值期待

绿色消费空间和传统的消费空间有所区别：传统消费空间是生产型、资源型的人口聚集模式，而绿色消费空间是"以人为本"服务消费型人口集聚模式。在以消费为导向的新型城镇化过程中，消费结构是否合理将影响城镇化质量的高低。以绿色消费空间打造新城镇的价值期待具体来说如下：

一是优化消费坏境，促进"幸福指数"提升。首先，健全和完善保障消费者权益等相关法律体系，净化消费环境。其次，制定差别化消费环境政策。特别是对湘西城镇的文化消费要提高政策支持力度，加快"农超对接"，鼓励知名连锁商企向基层发展，加大自来水、电及垃圾整治为重点的环境建设，出台减免太阳能热水器安装费用政策。最后，完善硬件环境。加大对矿产资源、基础交通、通讯和供电供水等生产性基础设施的建设，以避免在城镇化过程中因城镇人口大量增加带来的就业、社会治安维护、商务等配套设施的制约将难以满足居民的消费需求，使消费结构优化受阻。

二是增强保障能力，促进"和谐指数"提升。其一，要完善城乡居民医疗保障制度，提高新农合和城镇居民基本医疗保险政府补助标准，加快基层医疗卫生机构综合改革步伐，推进公立医院改革试点工作。其二，要保质保量地搞好保障性住房建设，全面完成农村住房建设和危房改造,实现城镇低收入家庭和农村居民住房条件的明显改善。其三,实施文化惠民工程,完善公共文化服务网络,提高基层文化服务功能。加强互联网等新兴媒体建设管理,发展健康向上的网络文化。其四,要大力促进教育公平,开征一些税种作为教育收入的来源,建立与社会对接的教育体制,发展职业教育,实现与社会企业需求的结合,建立起面向社会自动调节的教育结构体系,可以减轻家庭服务消费的负担。

三是培育消费热点,促进"发展指数"提升。一方面,利用资源优势实现旅游路线跨城镇联合,促进文化旅游科技融合发展,积极发展新兴旅游消费。湖南有丰富的旅游资源,加强区域联合开发,开发区域间旅游线路,不断提高服务水平。将旅游开发的重点放在强调旅游资源的差异性上,用科技推动旅游发展,以增加城镇的吸引力,不断创新服务消费领域。另一方面,扩大对外开放力度,促进信息消费。抢抓新一轮改革开放和国际沿海产业转移的短暂机遇期,突出湘南示范区建设、特色(示范)园区(示范带)打造、重点企业服务和优化发展环境,力求实现重大项目引进、重点企业落户、重点区域对接、重大平台搭建和重点园区建设突破。加强城镇信息化建设,建立和完善信息产业和信息化区域合作机制问题,充分发挥信息产业和信息化的带动作用。

(二)绿色消费综合体对新城镇空间的集聚效应

从生产消费层面上推动绿色产业集群,有利于规模发展。以重点项目改造为抓手,实施低碳化改造工程,通过低碳项目与现有"节能减排"项目的相互衔接,最大限度地降低高碳项目的比例,推动高碳产业低碳化改造。依托推动低碳产业集群发展,瞄准产业发展前沿,选择具有自主知识产权、市场容量大、附加值高的低碳产业,建设专业性的低碳经济园区,引导低碳产业聚集发展,通过资产整合运营与系统集成推动低碳产业的规模发展,提升低碳产品的竞争能力,最终实现低碳产业从"自发发展"向"品牌发展""规模发展""集群发展"转变。

绿色公交设施减少营运效率与成本。一方面，积极发展城市绿色智能交通系统有利于效率提高。保留和扩大自行车道、步行道和公交占用道，大力发展现代公共交通，优化公交出行方式，引导和鼓励低碳出行，严格控制高污染机动车的拥有与使用，限制其行驶时间、区域，适当控制私人交通出行的数量和降低单位私人交通工具的碳排放，减少交通的碳排放和空气污染，大大减少城镇的交通拥堵状况。积极发展智能交通系统，大大促进道路的充分、合理、高效利用。另一方面，发展绿色交通减少支出成本。加速推进城市综合交通节能体系建设，推广使用清洁能源或替代能源，降低燃料消耗，发展混合燃料汽车、电动汽车、氢气动力车、生物乙醇燃料汽车、太阳能汽车等低碳排放的交通工具，以实现城市运行省、低成本目标。

在建筑设计和建设理念上突出低碳理念节省土地资源。推行低碳设计，通过规划设计系统和建筑设计系统，有效地节约土地资源，提高住宅使用空间。引导低碳用能，通过墙体、门窗、屋面、遮阳和楼地面系统，提高住宅建筑本体的保温隔热性能，减少能源消耗；通过能源供给系统与可再生能源系统，使用洁净能源，提高能源使用效率。推行低碳排放，通过优化给排水、绿化景观用水、室内环境保护和垃圾收集处理系统，消除和减少对水资源的污染，提高循环用水能力，净化室内环境、减少碳源。增加碳汇，通过绿化系统，增加绿量，减少二氧化碳释放量。推行建筑低碳拆除和重新利用。在建筑设计过程中考虑未来建筑的拆除和材料分类，使之有利于不同利用价值材料的分类处理和再回收利用，或被用来再回收建造新的房屋，从而尽可能减少建筑拆除过程中建筑垃圾的产生，最大限度地减少建筑过程中的二氧化碳排放量。

低碳消费有利于对资源的掠取。一方面，制定低碳消费原则与标准，提出健康、能耗、环境、社会四个低碳消费参考标准，建立包括政府补贴、绿色采购等多种形式的低碳消费促进机制，降低了低碳产品生产成本和消费成本。另一方面，出台政策和法规，以税费优惠等形式鼓励企业扩大节能环保产品、技术的使用与消费。建立低碳消费监管体系。针对具体的消费内容逐步完成以重点家电产品的能耗（或电耗）限额，住房消费的建筑节能标准，日常生活消费中煤气、天然气使用标准，交通出行消费的能源使用标准等标准体系的建设，完善相应的低碳产品市场准入制度，加大对低碳消费品在能耗指标上的监管力度。制定政府办公耗能管理制度，推进能源合同管理。

二 以绿色高效消费空间替代粗放低效空间

（一）促进绿色消费空间集约高效的基本原则

1. 均衡原则

宏观上，消费空间的布局应与人口、资源环境相均衡，也就是说，各地消费空间的规模应该根据区域人口规模和资源环境的承载力进行合理布局，尽力减少因外出务工导致的人口的长距离迁移，尽力减少消费空间对区域生态环境的影响，尽力保持区域资源环境的可持续。这样可以避免消费空间过度集中于沿海地区和少数中心城市，因而导致这些区域生态承载力急剧下降、生态环境急剧恶化的现象。2013 年年初，华北、华东沿海的多次雾霾天气就与这些地区消费空间规模过大密切相关。就目前来看，总体上我国东部地区的消费空间应适度调整、优化，而适度增加中西部地区生态承载力强的区域的消费空间规模，这样也有利于推动我国东部与中西部地区协调发展。

2. 功能化与集中原则

功能化布局就是将消费空间进行功能区划分，形成具有专门功能的消费空间，将相应功能布局在该消费空间内。通过功能区布局，增加功能区配套服务，提高消费空间吸引力，可以提高消费空间功能和集约水平。现有的工业园区、物流园区、科技园区、城市的专业街道、专业市场等就是具有专门功能的消费空间，而这些功能区又可以根据其生产、经营的专业化产品进一步细分。集中化布局就是将具有相同功能的生产单位，集中于一定的区域，一方面，便于管理和专业化的公共服务的供给，有利于提高生产单位效率；同时，便于为生产单位提供共同利用基础设施，节约基础设施建设成本，提高基础设施利用效率，可以减少对土地的消耗，因而可以提高土地效率；另一方面，也便于对企业污染集中治理，减少企业对区域生态环境的影响。当前，各地的工业集中区就是将工业企业集中在一起，共同利用基础设施，便于管理，极大地提高了土地利用效率。逐步禁止工业企业在集中区外投资建厂，调整零散工业企业用地，逐步整合到工业集中区。功能化布局与集中布局相辅相成，集中布局的结果就形成具有一定功能的消费空间，而功能化布局一定需要具有相关的生产单位的集聚才能形成具有专门功能的消费空间。

3. 集群原则

产业集群就是围绕专业化产业，一群高度关联的企业或事业单位在一定的地域形成的集聚。由于各单位高度关联，因而减少了大量的协作成本，减少了大量的交通运输，并且有利于产业创新，有利于提高集群的产量和产业集中度，具有极强的竞争力，因此可以极大地提高消费空间的效率。产业集群包括工业集群、服务业集群等。而城市群就是城市集群，其中各城市承担不同的生产服务功能，但关系密切。因此，工业园区要尽力实施一区一主业战略，围绕主要产业，引进相关企业，发展配套服务，完善产业集群的发展。因此，要根据产业集群的要求，实行专业化、定向招商。

4. 立体原则

立体布局就是不同功能的土地利用在空间上重叠布局，如消费空间与生态、居住、农业空间交叉、重叠布局，不同功能的消费空间也可以立体布局。通过立体布局，多层次利用空间，极大地提高了土地利用效率，能够提高消费空间的集约水平。城市修建的地铁、轻轨等轨道交通就是充分利用地下、地上空间资源，与城市内部的地面公路交通、商业用地、工业用地等立体布局，极大地提高了城市土地利用效率。而当前大量的高速铁路、高速公路等全立交，其下为耕地、生态用地、地面公路交通等，也是立体布局，极大地节约了消费空间对农业、生态等空间的占用，也极大地减少了消费空间对生态环境的影响。因此，交通建设，应根据实际需要，多建隧道、立交桥，可以更好地利用消费空间，极大地提高消费空间的集约化水平。因此，充分利用立体布局，建设多种形式的立体布局模式，如工业与商业、商业与生活、生产与生态和农业等空间的立体布局，可以极大地提高土地利用效率。在企业的屋顶实行绿化，也可以实现生产与生态的"双赢"。

5. 协调原则

首先，要做到消费空间与生活空间、生态空间的协调。将消费空间与生活空间结合，可以减少工人上下班交通距离，从而减少交通费用和时间消耗，因而节约大量不必要的消耗。而消费空间与生态空间协调，可以提高生产、生活空间空气质量。其次，消费空间内部，要做到工业空间、仓储、批发零售等的协调，既可以极大地减少运输消耗，也可以极大地提高效率。

（二）促进绿色消费空间集约的"两个有利于"

1. 通过促进消费空间集约高效，有利于提高区域的生态承载力

提高消费空间集约化水平，就是要提高消费空间的效率，提高土地的生产利用效率，节约生产性土地的使用，可以减缓消费空间的扩张速度，减缓消费空间对生态空间的侵占与挤压，更好地保护生态空间和生态环境。甚至可以通过调整、优化消费空间，缩小消费空间面积，将这些调整出的消费空间重新恢复为生态空间，有利于扩大生态空间面积，有利于生态环境保护，提高区域的生态承载力。同时，通过促进消费空间集约高效，提高消费空间对资源利用效率，因此，可以减少对资源的开发和浪费，减少污染排放，也减少消费空间对资源环境的负面影响，对生态环境也有一定的保护作用。因此，促进消费空间集约高效有利于区域生态文明的建设，有利于建设舒适宜居的生活空间。

2. 有利于形成人口、经济与资源环境相均衡的格局，推进生态文明建设

促进消费空间集约高效，包括形成人口、经济与资源环境相均衡的格局。这就要求优化调整经济过密地区消费空间范围，减轻消费空间对区域生态环境的压力，能够改善这些生态环境，提高其生态承载力；同时，根据经济稀疏地区的生态承载力、人口数量等，适度增加经济稀疏地区消费空间范围，改善这些地区经济发展水平。这样更能推进区域协调、均衡发展，减少劳动力、资源的跨省流动，减轻人口、劳动力过度流动对社会发展、社会管理的冲击，也减轻交通压力；更能推进人口、经济与资源环境的协调发展，从而推进区域可持续发展，推进生态文明建设。

第三节　绿色消费空间生产的新范式

党的十八大提出了促进消费空间集约高效，其主要内涵就是指通过增加消费空间的管理与投入，优化消费空间结构，不断提高消费空间的单位面积产量、产值和效益的过程。而这些效益不仅是经济效益，也包括生态效益和社会效益，其中生态效益就是要求尽力减少消费空间的生态负效益，最大限度地增加生态正效益；社会效益主要指消费空间布局能够满足社会发展、公平的需要。与传统的不断通过增加土地投入而获得增长的外延式扩大生产模式不同，促进消费空间集约高效则主要是在增加少量土地投入或不增加土地投入的情况下，主要通过增加资本和技术投入、提高管理水平、优化结构等方法，实现又好又快发展，走的是内涵式发展道路，因此，促进消费空间集约高效对生态文明建设具有重要意义，实现了百姓、企业、政府、生态、可持续等多重价值。

一　投资消费拉动型

前三十年国家大中城市工业化带动下的城市化建设，侵占了中

小城镇化建设的资源，以农民工"候鸟式""钟摆式"的半城镇化为代价，粗放式地完成了历史使命，已经不可持续。经济学认为，投资能产生投资乘数，拉动经济增长与经济发展，是经济增长的基本推动力，是经济增长的必要前提。但是，如果投资与消费不能均衡发展，便会出现"投资陷阱"：投资的陷阱有政策性陷阱、非市场竞争陷阱、人文环境陷阱、技术及人才陷阱、求新求异陷阱、规模经济陷阱、短期利润陷阱、项目运作陷阱、品牌延伸陷阱、并购陷阱等。

中小城镇资源优化配置如何避免投资的陷阱，对接消费市场，实现投资（I）与消费（C）均衡发展，是一个严峻考验。用严格的投资消费效用理论范式有效对接中小城镇的资源优化问题，可以解决"投资陷阱""流动性陷阱"等问题。那么消费群体在哪里呢？由于县域城镇化消费的主体是农民、特别是第一代农民工，他们在20岁左右出去务工，到40岁左右，基本上与传统农村生产、生活产生了一定的隔离；同时也积累了一定的现代化城市的生产、生活理念与方式；加上多年的工业化生产，具备了一定的技术技能；积蓄了一定的务工收入，但是又不能在大中城市安营扎寨，因为他们的收入水平及还在农村的"家"，无法支付起大中城市高额的生活成本，文化上也难以融入。创业、置业的愿望强烈，同时，只有在县城置业、创业，能迅速实现他们"离土不离乡、进厂不进城"，"父母、妻儿"齐进城、由原来牺牲"三代人"的幸福，通过中小城镇资源优化配置向幸福"三代人"的历史性转型。通过投资杠杆作用，撬动当地农民工的投资、消费，把一部分由原来在大中城市的投资、消费转移到了县域。这是经济学经典理论与中国国情的中小城镇资源优化配置的完美结合，如果依靠政府转移支付与公益性投资，根本无法解决这个问题，也不会产生中小城镇资源优化配置的投资—消费效用。

二 高端品质促进型

应该清醒地看到，过分追求 GDP 增长的土地财政、大中城市化运动、资源型经济给社会的可持续发展带来了一定的负面影响。那么，中小城镇资源优化配置其正外部在哪里？一部分居民可能在大中城市投资与消费的资本被带回到中小城镇后，其正外部，或称之为正的溢出在于通过市场手段实现协调发展。城镇化的实质是资源的再分配过程，按照市场规律配置资源是实现城市可持续发展的根本保障。坚持政府引导、市场主导、效益优先，用市场机制经营土地、用市场手段进行资本运作、用市场激励机制引进人才、根据市场需求发展高端产业，实现经济、社会、生态效益同步提升，实现产业倍增、收入倍加、城市品质倍升，实现经济总量、发展质量、人均均量的齐升，打造发展升级版。许多城镇化实践表明，推进新型城镇化，必须按市场规律办事，坚持市场需求导向，发挥市场在资源配置中的基础作用，提高各种资源的配置效率，实现高品质优先发展。提升城市品质是顺应城市发展规律、科学确立城市发展定位的战略选择，是彰显城市特色、提升城市核心竞争力的迫切需要。先导区注重结合本地特色、延续历史文脉、瞄准国际水准，高起点规划、高标准配套、高品质建设、高水平管理，充分展示山水特色、构筑绿色立体交通、完善优质公共配套、引领产业高端发展，实现了山水洲城与文化名城的融合、规模扩张与品质提升的统一，形成了个性鲜明的城市特色和宜居宜业的城市品质。推进新型城镇化必须注重规划的精当、建设的精致、管理的精细，实现品质与规模、速度、效益的统一，自觉推动城市发展由粗放经营向集约发展转型、由量的扩张向质的提升转变。

三 文化空间创新型

在县域城镇化的调查研究中发现，70% 以上的农民愿意进城，其中大部分愿意进中小城镇，县城对接城市与乡村，能解决农民地域性文化传承、文化认同的问题，城镇化社会成本较小，文化是一个民族的胎记，地域性传统文化伦理具有很强的社会规范作用，可以大大减少人口大规模迁移的社会监管投入。做好县域综合开发就是在抓住小城镇建设这个城乡关节点时，就能把握住全面建成小康社会的大方向。当前，"农民"变"市民"文化与制度化障碍还很多，土地制度，户籍制度，文化习俗，农民住宅无资产准入资格、农民资产无法资本化、农业小生产对土地资源利用效率制约等问题，制度的滞后性、文化的"黏滞效应"，导致中小城镇化进程受到很大影响。应当清醒地看到，在后国际金融危机时期，国际经济政治格局复杂多变，倒逼我国经济增长的力量从国外转向国内，从城市转向农村。这个内部调整的历史机遇，再也不可蹉跎耽误了，也对文化制度创新提出了前所未有的要求：一是努力实现文化品牌资源的整合。文化产业要与强势产业结合，实现品牌资源的优势整合，努力打造自己的产业强势品牌，并通过品牌战略，增强自身创意能力，提高产业附加值，不断扩大自身规模和实力，形成规模经济效应，增强国际竞争力。二是拓展文化产业市场空间。文化产业要获得更广阔的发展空间和资金支持，必须融入企业的商业化运作中，进一步以互联网、手机等新媒体为表现形式和载体，开拓更为广阔的市场空间。三是积极拓宽文化产业投资融资渠道。要积极创造社会条件，以文化资源为依托，以资本为纽带，以人才为支撑，以规模为优势，以产业园区、重点项目为载体，以市场化为基本取向，进行资源整合和整体规划，为文化产业发展提供良好的市场环境。四是提高文化产业的创意水平。创意是文化产业的核心，好的创意是增强文化产业国际竞争力的关键因素。文化产业要积极开展原创性设计，努力创作原创文化产品。同时，积极贯彻"请进来""走出去"理念，加强与国际接轨，不断更新创作理念，提高技术水平，提升文化产业的市场影响力。

四　生态环境保护型

中小城镇综合开发运营，不是造房而是造城，不是简单造城而是可持续性经营城镇。城镇是一个多生态体系。对城镇的生态环境资源进行充分保护、对大中城市的生态环境进行修复性开发。目前，我国的城镇绿地系统规划在规划编制上多侧重于建成区，通常的技术路线是在城市具备优势山水资源的地方和生态敏感度较高的不宜建设区布局绿地，或直接按城市总体规划进行细化，最终以完成人均公共绿地面积、城市绿地率等国家园林城市的考核指标为目标；而在规划控制度较弱的城乡过渡地区，则贯彻"建筑优先、绿地填空"的思维与工作方式。两种方式基本上都是"就绿论绿"。而随着实践的日益丰富，绿地建设的经验教训告诉我们，绿地的价值和意义实际上远远超出了绿地自身的绿色空间。用区域统筹战略构建绿地空间结构和分工协作的绿地功能结构，发现、利用、创造新的绿色空间，才是未来行之有效且可持续发展的规划方式。一是城市规划布局贯彻两型理念。坚持"不挖山、不填水、不砍树"的规划建设理念，以及"生态组团式发展"的空间布局理念，推进生态城市、生态园区、生态社区建设。二是率先编制实施生态建设标准体系。标准体系应涵盖市政建设、建筑和新农村三大重点领域，形成了包含规划设计、审批管理、技术应用、建设施工、建筑用材等在内的全方位绿色建设标准体系。三是区域化规模化推广绿色建筑。建立绿色建筑试点示范项目库，实施绿色建筑试点项目，推进可再生能源建筑应用。四是示范引领住宅产业化发展。出台支持住宅产业化发展的一系列引导政策，开展住宅产业化技术标准体系研究。五是大力推进绿色交通建设。推进"绿色交通"样板工程。积极推行公交优先战略，推广新能源公交汽车、CNG 双燃料出租车，淘汰黄标机动车。

第四章 绿色消费城镇资源配置案例

第一节 美国城镇发展的结构性平衡

城市化是西方国家的叫法，中国则叫"城镇化"，主要是西方国家把几千人、上万人的小镇也叫城市，如美国，共有大中小城市1.9 万个。城市化既是现代化的必由之路，也是现代化的重要标志，它是伴随着工业化发展，非农产业向城市集聚、非农人口向城市集中的自然发展过程，美国在城镇化的过程中非常注意绿色生态的概念。下面基于绿色生产消费和生活消费视角分析美国城镇化过程如何实现资源优化配置。

一 既不能揠苗助长，也不能无所作为

1776 年美国独立后，究竟以什么立国曾有过一段争论，当时的国务卿杰弗逊主张以农业立国，反对城市化；而财政部长汉密尔顿则主张以工业立国，走城市化路子；聪明智慧的华盛顿总统采纳了汉密尔顿的意见。正是由于华盛顿总统的远见卓识，把新生的美国带上了工业化、城市化的路子，工业化推动着城市化，城市化又反过来促进工业化，两者并驾齐驱，相得益彰。美国的经验说明，城市化不是可有可无的东西，它是国家走向现代化的必然选择，必须有所作为；同时城市化有其自身发展规律，必须因地制宜、因势利导，顺势而为、循序渐进。尤其像我国这样一个人多地少，适宜城市化开发的面积仅占国土面积的 3%，水资源、能源和矿产资源相

对短缺，生态环境比较脆弱，自然灾害频仍的国家，推进城市化面临的挑战，从理论上讲，比美国更多、更大。特别是我国从半殖民地半封建社会走来，比老牌资本主义国家受城市文明浸润的程度更浅，工业化水平本来就低，城市化水平更低。目前我国常住人口城镇化率仅为53.7%，而户籍人口城镇化率更低，只有36%左右，要达到发达国家80%的平均水平，我们还有相当长的路要走。我国城镇化是从1978年改革开放以后起步的，当时的城镇化率为17.9%。不少专家预测，我国城镇化率的顶峰值为70%（户籍人口）左右。按此推算，我国约在2050年才能基本完成城镇化。

二　要以城市群为主体形态

法国地理学者戈德认为，城市群是城市发展到成熟阶段的最高空间组织形式，是由地域上集中分布的若干城市集聚而成的庞大的、多核心、多层次的城市联合体。一般来说，城市群内往往以一个或两个特大城市为中心，以一定的自然环境和交通条件为基础，经济联系紧密、产业分工合作、基础设施和公共服务设施共建共享。21世纪是城市的世纪，更是城市群的世纪，国家之间的竞争主要体现在城市群之间的竞争上，发展类型众多、规模宏大、实力超强的城市群是绝大多数国家的重点选择。以美国为例，目前美国共有四大城市群，即东部的波士华城市群，中部的芝加哥—匹兹堡城市群，西部的旧金山—洛杉矶城市群，南部的达拉斯—休斯敦城市群。其中波士华城市群由波士顿、纽约、费城、巴尔的摩、华盛顿五大都市和40多个中小城市组成。该城市群总面积13.8万平方公里，人口6500万人，城市化水平超过90%。该区域面积虽只有美国国土面积的1.5%，但却集中了美国20%左右的人口，制造业产值占全国总产值的30%，是美国人口密度最高的地区，也是美国最大的生产基地和贸易中心，同时还是世界最大的国际金融中心。我们曾坐汽车从华盛顿出发，经巴尔的摩、费城到纽约，发现绵延几百公里的高速公路两旁，除了森林，便是规模大小不等的城市。

我国当前把发展城市群作为城镇化的主体形态和主要实现形式，

也是基于对国际国内城镇化的分析和研判而作出的科学决策。中央政府提出优化提升京津冀、长三角和珠三角城市群，培育发展成渝、中原、长江中游、哈长等城市群，这对作为长江中游城市群重要组成部分的长株潭城市群是个千载难逢的机遇。城市群发展的关键是要建立城市群的协调机制，推动跨区域城市间的产业分工、基础设施、环境治理等方面的协调联动。美国是小政府、大社会的管理体制，城市群内的协调主要是发挥非政府组织的作用。美国非政府组织十分发达，且有很高的权威性和影响力。波士华城市群虽然没有建立统一的、具有实体性质的城市群管理机构，但建立了一些权威性强、协调力度大、效率高的半官方半民办的专业性管理机构。像纽约州和新泽西州1921年成立的纽约和新泽西港务局，如今仍然控制着区域内多数交通运输设施，包括机场、桥梁、隧道和海港设施等，该局财政相对独立，收入来源于其所执行的项目。华盛顿大都会顾问委员会由华盛顿特区、马里兰州、弗吉尼亚州21个县市的40多个代表组成，其中政府代表只有1个，其他都是企业和大专院校的代表。其主要职能是对大都市区的交通、空间用地、垃圾处理、机场、环保等事务进行长远规划；对一些都市组织（交通局、垃圾处理委员会等）工作进行监督；就某些重大问题给县政府和市议会提供咨询服务；还具有联邦和州政府拨款的资金分配权等。湖南省对长株潭城市群之间的协调现主要由长株潭两型办承担，应充分发挥其对三市政府的协调和监督作用，破除行政壁垒和体制障碍，真正实现三市规划、产业、基础设施和公共服务的一体化。在发挥两型办作用的同时，可以大力培育一批非政府组织，如湘江水资源保护协会、长株潭生态绿心地区保护协会等，通过民间组织的力量，以弥补政府资源的不足。

三 坚持走低成本、质量型的路子

在美国搞建设，低成本并不等于就是低质量，成本与质量完全可以实现统一。美国人非常尊重规律、恪守信用、遵守法制，项目前期论证充分，建设过程精益求精，不存在抢工期和偷工减料的问题，也不存在只顾速度、不讲质量的献礼工程，更没有预算超概算、决算超预算的现象。举世闻名的金门大桥1933年1月动工，1937年5月通车，工期历时四年之久，运行了近80年仍很"健康"。另如威尔森大桥，规划设计花了12年，建设花了12年。洛杉矶污水处理厂建于1971年，如今已运转了四十多年仍很正常，我国同类型企业能够运转20年就已相当不错。美国建筑平均使用寿命在70年左右，而我国不到30年。美国是资源十分丰富、经济特别雄厚的国家，但美国在城市建设过程中仍然非常"小气"。在中国城市当今木质电线杆基本绝迹，但在美国像华盛顿这样的大都市，木质电线杆却随处可见。美国给行道树施肥不是用无机肥，而是把冬天落下的枯枝败叶打成碎片树渣，然后堆放在树下做有机肥。美国街道地面多是用红砖和砂卵石铺装，既便宜又透水，还便于维修，有的甚至用普通混凝土铺就，不像国内一些城市动不动就用麻石和花岗岩装饰，造价十分昂贵。美国高速公路中间隔离带多是草沟，两侧是原生态的树木杂草，很少人工绿化，路灯照明是用太阳能，既漂亮美观，又生态环保，还节约资金。湖南省有的县城用清一色的华灯做路灯。一些地方在园林绿化中则是砍大树种小树、砍古树种新树、砍土树种洋树，砍树种草、砍草种花，乐于"面子工程"。洛杉矶县对地下水开采要求十分严格，必须有许可证，并且在水井安装水表，对开采的时间、次数、频率和数量等均有详细规定，严禁乱开滥采。我国目前对地下水开采管理还停留在放任自流阶段，北京市因大量超采，近几年来地下水位每年下降1米多。还有一些城市打着开发区的幌子肆意圈地，或建宽马路大广场。美国城市很少有宽马路，即使高楼林立的华尔街也只有两车道。我国尚处于社会主义初级阶段，经济并不发达，且资源环境"瓶颈"制约日益加剧，应坚持走节约型、集约型、低成本、高效益的城镇化路子。

四　坚持走环境友好型路子

美国从政府到民间组织再到普通群众都有很强的环保意识，注重人与自然的和谐共存，人口、经济、资源和环境的协调发展。新泽西州纽瓦克市紧邻纽约市曼哈顿区附近有几千亩湿地，为了保护这片湿地，改善纽约市环境，纽约市每年给予纽瓦克市 1 亿美元的补偿。鉴于煤、石油、天然气等化石能源对环境污染严重，近年来美国大力开发利用太阳能、风能、生物质能、地热能、页岩气等可再生能源和清洁能源。截至 2012 年年底，美国风能累计装机容量约 6 万兆瓦，比 2000 年增加 22 倍；太阳能光伏发电已发展到 74 亿千瓦，连续六年增长率超过 40%。美国是目前世界上唯一掌握页岩气开采技术的国家，相比其他化石能源，页岩气对环境污染的程度下降 50%，页岩气的开采在美国已风生水起。绿色建筑在美国得到了广泛应用，各地均建立了 LEED 绿色建筑标准，分为金色、铂金色、银色三级，既给公共机构颁发，也给普通居民颁发。美国计划 2015 年公共建筑能源效率比 2010 年提高 20%。美国城乡均建设了污水和垃圾的收集和处理设施。洛杉矶县共建有 11 个污水处理厂，其中 7 个污水处理厂的主干管已实现联网，一旦某个厂发生事故或检修，污水可以流到其他厂继续处理，不至于出现停产情况。从我们到过的华盛顿、纽约和洛杉矶三个城市看，华盛顿和洛杉矶管理很好，纽约市一些地方的垃圾收集还没有完全到位，道路沿线到处是果皮、纸屑。作为"汽车轮子上的国家"，绿色交通在美国也得到了广泛推广。2013 年美国乘客公交搭乘量达到 107 亿次，成为过去 57 年来该国公交最繁忙的一年，而历史上乘客公交搭乘次数超过 100 亿次的只有七次。华盛顿已将 380 辆公交车改为天然气车和混合动力车，同时建设了有轨电车，人行道、自行车道等慢行系统也得到重视，公共自行车在华盛顿街头随处可见。即使像纽约、曼哈顿那样车水马龙的城区，也建有自行车道。2000—2009 年，洛杉矶县骑自行车的人增长了 75%。为了出行方便，有 8560 辆自行车放在火车上，增长了 42%。该县目前共有 1270 英里自行车道，还计划增建 1030 英里。2007 年、2009 年、2011 年每年花 1560 万美元支持发展自行车道，2013 年更提高到了 2680 万美元。为鼓励骑自行车上班，在 2013 年"无车日"那天，县里拿出 200 万美元进行奖励。纽约市的中央公园位于寸土寸金的曼哈顿中心，占地 5000 多亩，建于 1858 年，历经 150 多年，纽约市人口增长了数十倍，但公园整体上仍然没有遭到多大破坏，还保留了一大片田园式的禁猎区——树林、湖泊和草坪，是纽约名副其实的后花园。

美国土地资源、森林资源、水资源等自然资源十分丰富，城市化的资源环境承载能力比我国强多了。美国城市既有像曼哈顿那样的高强、高容、高密度的开发地区，更有像洛杉矶这样的低密度、"摊大饼"地区（有地震影响因素），洛杉矶市交通用地占总用地的33%，连续七年被评为美国交通最拥堵的城市。这种"摊大饼"形式不适合我国国情，构建组团式、紧凑型、生态化的城市空间结构，走精明增长的路子应是我们的最佳选择。我国也不能无止境地发展小汽车，如果让小汽车成为城市主要的甚至唯一的交通工具，那将会是城市的灾难。美国高速公路沿线的小城市，除了商场、餐馆外便是大片大片的停车场，这对人多地少的中国并不是榜样。城市发展到一定阶段，应严格控制小汽车，大力发展快捷、方便、大运量的公共交通，实施公交主导城市空间布局战略，在轨道交通站场尤其是枢纽站应建设高容、高密度的城市综合体，尽可能缩短通勤距离，实现职住基本平衡，降低人们的生产生活成本。

五　城市化要靠产业化来支撑

城市化与产业化犹如孪生兄弟，没有产业支撑的城市必然空心化、萎缩化。如美国的底特律，曾经是美国汽车工业代名词，20 世纪 50 年代最辉煌的时候，拥有美国三大汽车巨头（福特、通用和克莱斯勒），180 万人口，是美国第五大城市。但随着工业化浪潮的褪去，如今的底特律已是废墟一片。2010 年，底特律只剩 70 万人口，减少了 60%，并降为美国第 18 大城市，并是美国最贫困的城市之一，1/3 的人口生活在贫困线之下。2009 年底特律失业率为25%，是全美平均失业率的 2.5 倍。并且刑事犯罪率高，最近连续四年被评为美国最危险的城市。2013 年 12 月上旬申请破产。费城曾是美国独立战争时期最大的城市，见证了美国独立宣言、美国宪法和美国国旗的诞生。建国之初，曾有十年还是这个新生国家的首都。19 世纪，费城是美国最主要的工业中心，日益壮大的制造业和纺织业吸引了大批来自欧洲的移民。但 20 世纪 50 年代后，盛极一时的费城经历了经济发展的转型，传统制造业纷纷破产，富人和中产阶层撤离到郊外，市中心人去楼空。如今费城人口比高峰时期减少了近 1/4，2011 年被美国评为污染最严重的城市。我们这次从费城经过时仍然可以看到不少残破不堪的烂尾楼和空置房，昔日的繁华已随风吹雨打而去。近几年，奥巴马总统提出制造业回归，在全美上下已达成共识。尤其是随着美国能源逐步自给，制造业在美国国内的综合生产成本已与发展中国家基本相当，甚至还有竞争优势，尤其是像苹果公司这样的高端制造业纷纷从国外撤资回美办厂。现在国内不少地方之所以出现"空城""睡城""鬼城"，就是把城市化与产业化割裂开来，如果只重安居、不重乐业，城市终究难以可持续发展，尤其是在美国提出制造业回归的新形势下，中国城市面临的挑战将会更加严峻。

六 城市化要靠规划来统筹

有人说，城市化是火车头，规划就是铁轨。美国对城市规划十分重视。作为联邦制国家，美国规划的事权基本在州政府和地方（县、市）政府，且主要在地方政府。美国规划事务分为发展规划和开发管理两个层次，其中发展规划相当于国内的总体规划和专项规划，开发管理主要包括区划、土地细分和场地规划审查。发展规划只是纲领性和指导性文件，开发管理主要是由法定区划完成的。区划在总体规划基础上将社区分为若干片区，对片区内的所有土地利用行为进行规定，明确土地和建筑的许可用途、每类用途的开发强度以及地块内建筑的建造方式，相当于国内的控制性详细规划。一般情况下，区划条例由规划咨询机构制定，经地方立法部门采纳以后，就可以获得地方法律效力；土地细分和场地规划审查的依据主要是区划条例。虽然美国60%以上的土地是私有的，私有财产受到宪法保护，但由于地方政府可以正当行使治安权，地方政府基于公共目的可以对私有财产的使用实施公共管理，且不需要进行赔偿。美国区划运作涉及立法机构、地方行政长官、规划委员会、规划部门、上诉委员会、听证会上的各阶层民意代表、规划咨询机构等，因此，区划条例的制定和修改程序相当复杂。在区划条例的文本中，除对各个基础分区的总体发展意图、用途规则（土地利用性质）、开发强度、开发密度等一系列的控制指标进行通则性说明外，还逐步引进了若干新型的区划方法，包括开发权转移、激励区划、包容性区划、叠加区划、规划单元开发、绩效区划等，以在增加灵活性与细致性的同时，减少区划运作的过程成本。美国规划的权威性很高，在没有完成区划条例修改程序前，所有项目必须严格按区划条例执行。如马里兰州蒙哥马利县百塞斯塔市20世纪80年代规划时建筑高度不能超过210英尺，公共建筑总量不能超过1100万平方英尺，到目前仍执行得很好。华盛顿市区有一条不成文的规矩，所有建筑物高度不能超过169米的华盛顿纪念碑，迄今为止依然如故。

在推进城市化过程中，我们应向美国学习，进一步强化规划意识，既要重视规划，更要尊重规划，对规划的制定和修改应严格遵守其程序和条件，尤其是要广泛吸纳专家和公众的意见。规划是政府最大的资源，规划的节约是最大的节约，规划的浪费是最大的浪费，要通过控制性详细规划和专项规划保证规划落地。规划是公共政策，其主要职能是统筹城乡空间资源分配、空间建设和空间管治，以及维护公共利益，保障公共安全。特别是在当前生态文明建设的大背景下，规划应从扩张性规划转向优化空间布局的规划，努力构建消费空间集约高效、生活空间宜居适度、生态空间山清水秀的空间格局，以保障城市化健康发展。

第二节　英国伦敦城镇发展的低碳先行策略

英国是绿色城市规划和实践的先行者。为推动英国尽快向绿色经济转型，英国政府成立了一个私营机构——碳信托基金会（Carbon Trust），负责联合企业与公共部门，发展绿色技术，协助各种组织降低碳排放。碳信托基金会与能源节约基金会（EST）联合推动了英国的绿色城市项目（Low Carbon Cities Programme，LCCP）。首批 3 个示范城市（布里斯托、利兹、曼彻斯特）在 LCCP 提供的专家和技术支持下制定了全市范围的绿色城市规划。伦敦市也就应对全球气候变化提出了一系列绿色伦敦的行动计划，特别是 2007 年颁布的《市长应对气候变化的行动计划》（*The Mayor's Climate Change Action Plan*）。伦敦市设定了 2025 年相对 1990 年减排 60% 的目标，并启动一系列气候变化减缓政策和能源政策，包括伦敦规划（London Plan）、今天行动，守候未来——伦敦市长能源战略和应对气候变化行动方案（Mayor's Energy Strategy and Climate Change Action Plan—Action Today for Protection Tomorrow）（后来上升为伦敦气候变化减缓和能源战略）。自 2004 年，这些政策帮助伦敦实现了约 25 万吨的减排量。总的来说，英国的绿色城市规划和行动方案有以下主要特点。

1. 绿色城市规划目标单一，即促进城市总的碳排放量降低，并为此提出了量化指标

在 2004 年的伦敦计划和市长能源战略中，大伦敦政府（Greater London Authority）为应对日益增长的能耗问题，首次提出了明确的目标。在 2006 年 11 月到 2009 年 6 月，市长采用了 147 个战略性发展项目，共实现了 33% 的减排，这些行动的总减排量超过了 11.6 万吨。其中，14% 的减排量源于能源效率提高、9% 源于燃气热电联产技术应用，另有 10% 源于可再生能源技术应用。相关政策还要

求所有新开发项目必须采用10%的现场可再生能源，包括太阳能、风能、生物质能、地源热泵以及热电联产等。伦敦计划为新建建筑的能源使用设立三个用能层级管理原则，即减少用能、采用自备可再生能源、高效用能。2006年，市长敦促进一步调整政策，要求将2004年的10%目标提高到20%，并重点关注分散式能源供给系统（如分散供暖、热电联产、冷热电三联产等）。这些调整于2008年2月被正式采纳为具体的政策。2010年，这些政策演变为大伦敦市应对气候变化新的战略——气候变化减缓和能源战略。

2. 绿色城市的主要实现途径是推广可再生能源应用、提高能效和控制能源需求

英国能源和气候变化相关部门在能源计划草案中确切表示把核能、可再生能源和洁净煤定义为伦敦未来的三种主要能源。英国能源与气候变化部共同颁布的《智能电网：机遇》指出英国城市今后一段时间将大力推行智能电网建设，报告指出，到2020年，将推进4700万户家庭淘汰普通仪表，选择更加有利于减排、打造绿色城市的智能电表。在未来5年内为智能电网技术研发提供资金支持。此外，将建筑和运输作为减排的关键一环。因为伦敦的碳排放量分布已经呈现出已建成房屋占40%、商业和公共建筑占33%、交通占22%的格局，自然要将建筑和运输作为重点减排领域。

3. 绿色城市规划的重点领域是建筑和交通

排放量核算的边界是大伦敦市的地域范围，所有排放量都细分到每个排放源，如建筑中使用的能源、电力、垃圾发电、交通（铁路、公路、水运和航空）化石燃料等。排放量核算结果分配到市政府部门、居民家庭、工作场所和交通四大主要排放部门。市政府以清单为基础形成了伦敦气候变化行动方案，制定了行业减排目标和减排措施，行业涉及公共、民用和商业建筑、地面交通和航空、能源供应以及市政部门等。为实现60%的减排目标，伦敦市制定了雄心勃勃的减缓和适应项目，并首先为2010—2013年划拨了超过1亿英镑的预算，用于支持提高建筑能效、刺激对绿色能源的需求、垃

坂发电、绿色交通的大规模应用等。伦敦市长也签署了市长盟约
（Covenant of Mayors），表达其对于实现减排目标的承诺。

4. 绿色城市规划强调战略性和实用性相结合

大伦敦市编制了按地域分布的温室气体排放清单和伦敦政府部
门及四大职能部门（伦敦发展署、伦敦交通局、伦敦消防局、伦敦
警署）的排放清单。地域分布清单基于伦敦市空气污染排放和温室
气体排放清单（London Emissions and Greenhouse Gas Emissions Inven-
tory），该清单每年更新数据库，包含了大伦敦地域范围内的能源消
耗和相应产生的二氧化碳当量排放量的数据及其地域分布的信息。
2006 年的清单表明，大伦敦市的排放量占到整个英国排放总量的
8.6%，达 4750 万吨。市政府部门每年排放 21 万吨，虽然只占伦敦
总排放量的 0.5%，但市政府深信政府部门减排的示范作用，因此
不断采取措施减少政府部门运营的温室气体排放水平。伦敦发展署
委托安永会计师事务所开展的一项研究表明，伦敦计划能够创造 1
万—1.5 万个就业岗位，到 2025 年更能带来 6 亿英镑的投资。研究
还预计伦敦市在全球环境产品和服务市场中的份额将达到 37 亿英
镑。这也表明，大伦敦市气候变化减缓适应项目最终是有利于促进
经济增长的。当前，伦敦发展署试图识别如何有效地抓住绿色发展
的经济机遇，并提出了绿色企业园区（Green Enterprise District）的
概念。

5. 绿色城市建设强调技术、政策和公共治理手段并重

伦敦气候变化行动方案仅关注了气候变化减缓，大伦敦市政府
还制定了适应方案。由于减缓和适应紧密相连，因此两方案是同步
进行的。2009 年，市长还发布了经济发展战略《面对挑战》的草案
文本。该战略的制定基于市长发起的一项研究结论，该研究认为当
其他国家都在加大绿色发展战略投资的时候，伦敦市应利用其独特
的金融优势以保持其全球竞争力。因此，该战略勾画了伦敦市绿色
未来的蓝图，确立了伦敦市成为全球绿色资本引领者的目标。

表4-1   伦敦应对气候变化建设绿色城市的主要手段

重点领域	碳排放比例	实现途径与具体措施	截至2025年的减碳总目标
存量住宅	40%	绿色家庭计划（Green Homes Programme） ·顶楼与墙面绝缘改造补贴 ·家庭节能与循环利用咨询 ·社会住宅节能改造	770万吨
存量商业与公共建筑	33%	绿色机构计划（Green Organizations Programme） ·建筑改造伙伴计划 ·绿色建筑标识体系	700万吨
新开发项目		修正伦敦城市总体规划对新开发项目的要求，特别是 ·采用分散式能源供应系统 ·规划中强化对节能的要求 ·节能建筑和开发项目的示范	100万吨
能源供应		向分散式、可持续的能源供应转型 ·鼓励垃圾发电及其应用 ·本地化可再生能源 ·建设大型可再生能源发电站 ·通过新的规划和政策激励可再生能源发电 ·鼓励碳储存	720万吨
地面交通	22%	改变伦敦市民出行方式，加大在公共交通、步行和自行车系统上的投资；鼓励绿色交通工具和能源；对交通中的碳排放收费	430万吨

资料来源：Greater London Authority，2007。

第三节 深圳绿色发展的坪地模式

以绿色、创新作为城市转型发展新动力，深圳的探索为城市未来发展指明了路径。资料显示，2015年深圳GDP较上一年增长了8.9%，财政收入增长了30.2%，但每万元GDP能耗已经下降到

0.398 吨标准煤，万元 GDP 二氧化碳排放量累计下降率超过 21%，这一指标领先于全国。深圳能否在经济高速发展中走出一条低排放、低污染、集约化、科技创新的城市道路，这不仅对深圳有特殊的意义，而且在全国乃至全球具有示范和标杆作用。作为深圳的后发地区低碳发展样本，坪地街道位于深圳东北部，是深圳通往惠州、河源、梅州等地的交通要道。辖区面积约 53.14 平方公里，下辖 9 个社区 50 个居民小组，总人口 25 万人，户籍人口 1.3 万人。碳城论坛已经成为展示我国积极应对气候变化工作成效的重要窗口，也成为全球低碳领域探讨前沿话题、分享智慧成果、开展务实合作的重要平台。在践行低碳发展理念中，坪地为何能实现跨越式大发展？

一 坪地绿色发展面临的驱动力

坪地要通过绿色造城、产业构城、智慧营城，打造绿色技术研发中心和绿色技术集成应用示范中心、低排放产业聚集中心、绿色解决方案提供中心和绿色发展服务中心，面临着创新服务、资金筹集和合作创新等一系列需求。

（一）技术集聚需要全方位、专业化的服务

绿色技术是指遵循生态原理和生态经济规律，节约资源和能源，避免、消除或减轻生态环境污染和破坏，生态负效应最小的"无公害化"或"少公害化"的技术、工艺和产品的总称。发展绿色经济、建设绿色城市、践行绿色生活，都需要基于绿色技术的集聚、研究、示范与应用，建设国际绿色高端要素集聚和研发孵化中心，集聚国内外有实力的大学和研发机构、创新与创意的人才。绿色技术开发的周期长、费用高、风险大、利润低，加之绿色技术的市场需求不明显，推广渠道缺乏，又造成绿色技术创新预测困难。产品开发方向不清，技术开发方很难向市场提供实用系列绿色技术。为此，绿色城需要着力营造绿色领域人才、研发和产业化的良好环境，构建一个汇集先进绿色技术的全方位、专业化服务平台。

（二）资金汇集需要创新体制机制

绿色产业作为一个新兴产业，处于产业发展初期阶段，市场化程度不高，基础研究、技术研发、产业化和推广应用，无论是生产技术更新换代，还是已有污染的处置控制，抑或是环境监测的改良提升，都需要大量的投入。所谓绿色金融体系，即通过贷款、私募投资、发行债券和股票、保险等金融服务将社会资金引导到环保、节能、清洁能源、清洁交通等绿色产业发展的一系列政策、制度安排和相关的基础设施建设。深圳作为全国首个国家创新型城市，曾连续多年被评为中国创新能力最强的城市。但是与发达国家相比较，深圳在风电、能效管理、碳捕获等低碳技术核心领域仍处于落后地位，在低碳技术的研发方面还面临诸多困难。目前深圳市金融系统对低碳技术项目支持还不够，多数银行不对低碳技术项目融资，即使实施融资数量也非常有限，不能满足低碳技术发展的资金需求。绿色城要建立多元化筹资机制，一方面，通过筹资平台，汇聚产业发展、城市建设和绿色生活所需要的资金；另一方面，整合政府资金，发挥投融资平台的作用，筹集绿色城建设初期基础设施、生产和生活配套等所需要的资金。

（三）资源汇聚需要建立多方合作与利益共享机制

当前绿色技术和绿色产业都面临着重大突破，国际绿色城要通过与欧盟合作，争取国家支持先行先试，发展先进的绿色技术和绿色产业，积极探索与不同国家政府、企业、研发机构、非政府组织形成竞争共赢的合作方式与途径，推进绿色技术紧密合作，建设具有竞争力和活力的国际绿色技术集成应用和展示中心、国际碳交易和碳金融服务中心。为此，国际绿色城迫切需要建设一个协调多元主体的合作机制，集聚国内外绿色领域高端资源。

二　坪地模式的实践

（一）高起点定位与高标准规划

坪地街道 2012 年地区生产总值 54 亿元，五金加工、电子制造和家具制造业为该街道三大主要产业，产业低端、布局散乱、能源消耗大，属于深圳的后发展地区。但该街道区位优势明显，位于深圳的东北门户地区、深莞惠三市交界中心区；生态优良，区域内山林、园林和水域分布丰富；土地储备优势，土地大都成片分布且整备成本相对较低。综合来讲，该区域具有"三高一低"的特点，即区位比较优势高、生态环境质量高、碳排放强度高、经济发展水平低。因此，2009 年以来该街道就提出进行区域合作的规划设想，此后不断引起国家部委、省、市领导和国内外专家学者的关注，从坪清新示范区到中荷生态知识城、中欧低碳城，最终在 2011 年年底被国家发改委定为国际低碳城。2012 年 5 月 3 日，深圳市许勤市长在比利时布鲁塞尔举行的中欧城镇化伙伴关系高层会议上，提出与欧盟合作规划建设深圳国际低碳城，打造中欧可持续城镇化合作旗舰项目。经过争取，国际低碳城也成为财政部、国家发展改革委节能减排财政综合奖励项目。

深圳市决心充分引入国际低碳技术，将坪地街道打造成为绿色低碳发展的典范，对国家新型城镇化乃至中欧城镇化合作进行一次重要探索，努力把低碳城建设成为承载"生态中国梦"的试验田、体现深圳质量的新标杆。为此，该片区迅速启动了高起点、高标准规划。着眼长远、立足高端，以"中国第一、世界一流"为目标，开展国际低碳城空间规划、产业规划和营城计划，努力将低碳城建设成为国家低碳发展试验区，打造深圳城市发展的样板和典范。

规划范围以龙岗区坪地街道 53 平方公里（可建设面积约为 25 平方公里）区域为第一期规划面积，启动区为 1 平方公里，拓展区为 5 平方公里，致力于将该街道打造成为气候友好城市的先行区、低碳产业发展的集聚区、低碳生活模式引领区、国际低碳合作示范区。坚持"政府引导，市场运作"、"产城融合，低碳发展"、"整体规划，分步实施"、"高端聚集，国际合作"、"以人为本，宜居宜业"的开发原则，重点发展绿色复合能源产业、资源循环利用产业、生命健康产业、环保新材料产业、高端低碳装备制造业、绿色创意设计产业、新兴低碳服务业、绿色都市农业、生态文化旅游产业、智慧低碳信息产业等新兴低碳产业。规划在该区域打造低碳智慧城市系统，充分利用物联网、互联网、云计算、智能分析等现代信息通信手段，对城市活动进行智慧感知、分析集成和应对，构建高效的城市运营管理环境，建立由新技术支持的涵盖市民、企业和政府的新城市生态系统，加强智慧城市基础建设，构建多领域"智慧碳云"体系，打造"智慧交通"管理系统，建设"智慧民生"服务平台。到 2015 年，启动区建设取得阶段性进展，城市基础设施项目相继建成，重点产业稳步推进，体制机制基本确立，低碳生活方式初步形成，低碳创新能力和综合竞争力显著增强，低碳发展的质量效益明显提高。

（二）高水平开展核心启动区建设

2012 年 8 月 21 日，低碳城核心区项目在龙岗区坪地街道高桥工业园正式启动，标志着国际低碳城开发建设进入全面提速、全面推进的实质性实施阶段。国际低碳城启动区首批项目涉及低碳产业、低碳社区改造、绿色建筑、生态和基础设施建设等领域。为了办好首届国际低碳城论坛，坪地街道低碳城启动区建设开展了国际低碳城会展中心、园区再生示范项目、客家围屋低碳社区改造、丁山河改造及景观提升、低碳城启动区市政工程等项目建设。

1. 国际低碳城会展中心

国际低碳城会展中心建筑群由低碳技术展示交易馆、低碳国际会议馆、低碳城展示馆组成，集展示、研究、中试、营销于一体，是包含十大技术系统、97 项低碳技术的低碳绿色集成示范项目，有效实现节地、节能、节水、节材四大目标。建设完成后，将实现60% 减排效率，年减排二氧化碳 7320 吨，达到碳减排国际先进水平。

2. 园区再生示范项目

启动了区内的现有厂房进行整体再生绿色低碳改造，即"园区再生"计划。通过绿色建筑改造，引入餐饮、文娱、旅游、创意工坊、SOHO 办公等产业功能，打造成为具有文化魅力的创意社区，成为低碳城的亮点，可实现 55% 的减排效率，年减排二氧化碳约4.14 万吨，可达到碳减排国际先进水平。

3. 客家围屋低碳社区改造

客家围屋低碳社区改造工程充分利用现有客家围屋的珍贵历史文化资源，挖掘其文化价值，改变传统大拆大建的旧有城市发展模式，将片区内村落发展成为高品质生活服务功能区，在提升改善原住民生活环境品质的同时，引入餐饮、文娱、旅游、创意工坊、SOHO 办公等产业功能，完善启动区功能混合配置，示范和谐城市发展新模式，可实现 60% 的减排效率，年减排二氧化碳约 2440 吨，可达到碳减排国际先进水平。

4. 丁山河污水处理站及人工湿地

项目估算总投资 1.2 亿元，污水处理站常规日处理量约 2.5 万立方米，湿地面积约 2.9 公顷。该项目主要是对丁山河上游惠州河段的混流污水进行有效收集及处理，实现场馆周边河道"水清、岸绿、生态"的效果。

5. 丁山河治理及会展中心周边人工湖

丁山河又称高桥河，发源于东莞与惠州交界处之美山顶，上游属于惠州市惠阳区，在坪地街道中心社区汇入龙岗河。丁山河全长23.65 公里，其中深圳境内 6.7 公里，积雨面积 79.16 平方公里，其中深圳境内 23.49 平方公里。丁山河治理的内容包括水质改善工程、河道堤防工程、河道景观提升工程及景观湖工程。水质改善工程主要是对上游惠州河段橡胶坝溢流的混流污水及本段范围内的入河污水进行有效收集及处理，将建立水质处理站、人工湿地、新建沿河截污管道等；河道堤防工程及河道景观提升工程主要是依据河道中水河槽治理导线，对河道实施疏浚，以及河道局部段拓宽、加固处理等；景观湖工程用地位于国际低碳城核心启动区低碳会议展示中心南面，实现了上游支流的雨洪利用和河湖的相对分离，保障了湖体的水质。

（三）成功举办首届国际低碳城论坛

作为中国首个"全国低碳日"活动的重要组成部分，由国家发改委、住房和城乡建设部及深圳市政府联合举办，主题为"低碳发展——探索新型城镇化之路"的首届深圳国际低碳城论坛于2013年6月17—18日在坪地街道成功举办，取得了丰硕成果。

1. 打造国际低碳合作高端品牌

来自美国、英国、法国、荷兰、新西兰等国家和地区的1400多位嘉宾就低碳话题展开了热烈讨论，充分交流低碳城市规划建设、绿色建筑、低碳交通、低碳产业等方面的经验、做法。举办了世界低碳城市联盟论坛、低碳城市规划论坛、创意大赛、国际合作协议及重大项目签约等一系列活动，交流了世界低碳城市发展理论与实践的最新进展。50多家海内外媒体报道了论坛盛况，引起了社会公众广泛共鸣，再次向世界展示了深圳在城镇规划、绿色建筑、基础设施、绿色交通与新能源汽车、新能源的推广、节能环保产业的培育、碳排放权交易等诸多方面取得的新成效。

2. 举行首届国际低碳城创意大赛

首届国际低碳城创意大赛主题为"生长中的低碳城市——低碳城的萌芽"，分公众赛和专业赛，公众赛面向社会大众，有"我的低碳生活""我的低碳发明"两个赛题，旨在引导全社会创新氛围，聚集全民智慧，征集各种低碳发明创造。专业赛面向国内外规划、建筑设计、环境设计等企业、个人，针对如何适当地解决城市建设初期临时性、阶段性与后期常规建设之前的过渡、延伸和矛盾，征集"可移动"低碳绿色建筑创意方案。

3. 开工"园区再生"厂房改造示范项目

低碳城"园区再生"厂房绿色改造示范项目深入落实低碳发展理念，遵循复合多元、高效集约、环境优美、低碳生态的原则，通过对现有工业厂区的绿色低碳设计改造，使原有工业厂房焕发活力，打造绿色建筑改造示范区和绿色办公示范区。

4. 签署多项国际合作项目协议

深圳国际低碳城规划建设领导小组与荷兰埃因霍温市签署合作备忘录，着力将深圳国际低碳城打造为中国低碳发展试验区、国际低碳发展的先进典范。签署了三项国际合作和重大项目合作协议，分别是深圳市政府与美国加州关于加强碳排放权交易体系合作的初步协议，国家航天员科研训练中心和深圳国际低碳城规划领导小组关于太空生态与医学研究中心项目的合作框架协议，美国劳伦斯伯克利国家实验室与深圳市建筑科学研究院关于中美低碳建筑与社区创新实验中心项目的合作备忘录。

5. 发布首部深圳低碳发展报告

《深圳绿皮书：深圳低碳发展报告》（2013）在论坛上面世，对近年深圳绿色低碳发展的专项研究、典型案例、政策和规划等进行系统的梳理，形成具有深圳特色的低碳研究和实践创新总结，为制定低碳发展政策提供了理论依据和对策性建议，对国家建设低碳城市做出探索性的研究。

6. 启动中国首个碳交易平台

深圳市碳排放权交易在深圳国际低碳城正式启动运行，并产生了首单配额交易，深圳能源集团东部电厂成为第一家成功达成碳排放权交易的公司，这是中国第一个正式运行的强制碳市场，标志着中国碳市场的建设迈出关键性一步。

目前，国际低碳城还是一座建设中的新城。只是实现了良好的开端，万里长征走完第一步，还有许多工作要做。一是尽快完善规划，要加快推动产业规划的制定，以高标准规划带动高水平建设，要分步实施、滚动开发。二是加大项目引进力度。根据低碳城的产业规划要求，引进一批创新能力强、低碳效应显著的重大产业项目落户，培育一批低碳行业骨干企业，完善低碳产业链条，构建以节能环保、新能源、生命健康、低碳服务业等为核心的产业格局。三是集聚创新资源。以中美低碳建筑与社区创新实验中心等高端项目落户为契机，争取更多的国家重点实验室、研发中心、产学研联盟等平台落户低碳城，引进海外创新人才，集聚国际创新平台和智力成果，抢占发展制高点。四是加快现有产业转型。大力推进辖区内产业结构优化升级，加大淘汰低端产业力度，促进传统产业改造升级和低碳化，最大限度地减少能源消耗和二氧化碳排放，实现低能耗、低排放、低污染条件下的高质量增长。五是加快配套建设，完善低碳城城区布局。在大力发展低碳产业的同时，做好各种配套建设，营造低碳绿色的城市布局。

三 案例启示

坪地街道的发展依托国际低碳城，正在走出"先生产，后生活；先污染，后治理"的怪圈，采取产城融合的策略促进生产生活同步发展，呈现生产发展、生活幸福、生态优美的良好局面，其低碳发展的定位、国际低碳城的规划和高水平的启动区建设，开启了新型城镇化之路。这座"正在成长中"的深圳国际低碳城是深圳在新型城镇化道路上的一次重要探索。深圳市摒弃了以消耗自然资源和牺牲自然环境换取经济高效发展的传统工业化模式，选择一个发展水平相对较低、工业化进程中的坪地街道，通过集成多种技术、融合多种模式、引入多元主体的方式，在保持区域发展活力的前提下率先实现碳排放总量降低，创造性地解决城镇化、工业化进程中的资源、环境、人口等问题，更具挑战、更具价值、更具复制性，可为我国其他地区低碳发展提供先行经验。

（一）对绿色城镇建设的启示

随着创新驱动战略的深入推进，我国科技创新能力不断提升，与先进国家和地区在新兴产业一些领域的差距在缩小，个别领域科技创新位于第一梯队，有望率先实现产业化。这些新兴产业发展模式转变为创新驱动型，需要绿色城镇的建设运营模式也随之转型升级。深圳在促进绿色城科技研发、产业发展、城市建设、绿色生活上做了积极的探索，可以为其他绿色城镇的发展提供借鉴。绿色城镇的建设可以构建一个各级政府部门、企业和相关机构共同协作的运营模式，依托运营平台，整合各类资源，共同推进绿色城镇规划设计、开发建设、运营管理，同时为城镇的新兴产业发展提供了专业的孵化、加速服务，并提供相关的金融服务，推进新兴技术的研发及产业化，推动新兴产业发育、成长、做大做强。

（二）对处理政府与企业关系的启示

按照国家关于全面深化改革的要求，国有资本投资运营要服务于国家战略目标，更多投向关系国家安全、国民经济命脉的重要行业和关键领域。借鉴深圳的经验，在绿色城镇的建设运营过程中，处理政府和企业关系，需要着力解决三个问题，首先，构建一个各相关利益主体参与的合作模式，明确各级政府的职责，通过一个具有实力的国有企业，整合资源，强调发挥市场的决定性作用；其次，注重发挥国有企业在绿色城镇的基础设施建设、新兴产业培育、提供公共服务等领域的作用；最后，通过国有企业与其他国有资本、集体资本、非公有资本、国外资本等交叉持股、相互融合，发展混合所有制，动员更多的资源参加绿色城镇的建设运营。

第五章　绿色消费视角下城镇资源配置的环境分析

第一节　绿色消费视角下城镇资源配置的优势分析

一　绿色消费视角下城镇资源配置的宏观分析

（一）新型城镇化建设是生态文明建设的重要载体

新型城镇化建设是生态文明建设自我更新的摇篮。提高城镇生态质量，提高乡村民众的生态理念，只有抓住城镇，才能更好地建设惠及我国大部分人的生态环境。我国十几亿居民居住在乡村，因此，只有把城镇广大群众的生态建设做到实处，才能实现生态文明绿色发展、循环发展、低碳发展。城镇生态的实现需要城镇企业由高污染、高消耗转变为低污染、低消耗以及改变居民乱丢垃圾、随意倾倒污水的不良习惯等，从污染源头根除污染行为和污染观念，进一步节约污染处理费用。要倡导合理的消费习惯，养成消费与自身收入水平及所在地区的经济发展水平相适应，培养自身不攀比的消费观念。完善城镇传统文化的继承与创新，形成具有地方城镇特色的文化产品与服务。这些都能够提升城镇的经济竞争力，加强城镇可持续发展。健全城镇生态生产、生活方式需要加大生态理念的传播及拓宽生态建设的途径。可见，新型城镇生态环境为生态文明建设提供广阔的平台。

（二）新型城镇化建设是全面建成小康社会的重要保证

我党面对复杂多变的世情、国情、民情，充分发挥实事求是、与时俱进的指导思想，提出到 2020 年实现我国小康社会全面建成，使几十年的改革红利要惠及十几亿人口的广大劳动群众。同时，面对全球经济危机恢复情况不容乐观和国内消费规模长期滞后的困境，小康社会的建成面临诸多挑战和机遇，因此，要进一步加强城镇建设，发掘含有十几亿人口的消费潜力，对加快我国经济腾飞和小康社会全面建成具有重要的推动作用。但是，由于在城镇发展成本低，一些高污染、低回报企业快速进驻城镇，再加上地方政府片面追求经济效益，提高政府政绩，也没有担当起保护城镇生态的责任，从而造成城镇水资源污染严重、土地资源过度开发，又因为农村居民拆迁补偿款迟迟拿不到手，导致无房可住、无地可种的悲惨遭遇。然而新型城镇化建设是全面建成小康社会的重要保证。一是新型城镇化有利于拉动国内供需，成为新一轮经济发展的最大引擎。新型城镇化进程的推动可以弥补当前我国经济供求结构的变化，在我国未来形成的新的产业层次和消费热点，创造出更多内需，成为新一轮经济发展的最大引擎。二是新型城镇化建设有利于调整产业结构，促进经济转型发展。新型城镇化的发展，随着外来人口的加入，会产生人口集聚效应不同阶层的人口汇聚，会不断改变当地产业结构的调整和经济转型发展。三是新型城镇化是促进城乡共同富裕和打破城乡二元结构的需要。新型城镇化的发展可以使符合条件的农村人口和农村剩余劳动力通过进城经商就业等途径变为城市居民，广大农民通过城镇化实现身份、职业的转变，对于实现以城带乡以工促农共同富裕和消除城乡二元结构带来的矛盾都具有重要的推动作用。

二　绿色消费视角下城镇资源配置的微观分析

（一）节约集约用地和土地管理改革不断深化

城镇化建设过程中，大胆探索了节约用地、集约用地、有效用地、统筹用地的利用和管理新模式。一是探索推广多种节地模式。

通过实践创新，初步形成了立体开发城市建设节地、高层厂房节地、公共资源共享节地、土地集约经营节地、城市道路节地、农民高层公寓式安置节地六种节地模式，最大限度地节约了土地资源。例如，以湖南长沙的新河三角洲、黎托新城为代表的城市建设节约集约用地模式被国土资源部推广。在此基础上，积极加强制度建设和创新，出台了主要地类控制指标体系，制定了节约集约用地的评价标准和考核办法，开展了地下空间开发利用管理、土地增减挂钩、农村"空心村"改造等节约集约用地的制度化探索，推动全市土地资源由粗放利用向集约利用转变。二是大力推行农村土地综合整治。例如，在宁乡县金洲乡关山村、望城县白箬铺镇光明村、岳麓区莲花镇立马村等6个片区开展土地综合整治项目的试点，收到了提高土地利用率和农业综合生产能力等多重成效。三是建立农村土地流转交易市场。全国已经正式启动了农村土地流转交易平台，实现了集体建设用地、农村土地承包经营权和林权在市级平台集中拍卖交易的突破。四是创新征地补偿机制。例如，长沙探索了"两转变一纳入"（转变土地性质和转变农民身份，纳入城镇社会保障体系）、"两退出两获得一保留"（农民退出宅基地，获得城市住宅；退出承包地，获得社会保障；保留集体经济组织的收益权）以及"先征后转和只征不转"等征地制度，提高了用地审批速度，保护了农民土地权益，实现了被征地农民"原有生活水平不降低，长远生计有保障"。

（二）资源节约和综合利用水平明显提升

以节能、节水、节材、资源综合利用为重点，全面推进节约型社会建设。一是推行节能综合性管理和全覆盖服务。长沙在全国省会城市中率先设立了能源综合管理和执法机构——市能源局和市能源执法支队，建立能源管理专家委员会，健全固定资产投资项目节能评估和审查机制，严格实行"能评"一票否决制。在全国首创"节能120"服务中心，全面推进实施合同能源管理，鼓励支持各重点用能单位推广应用节能技术、工艺、产品（设备）。同时积极推进交通、建筑和公共机构等重点领域节能，先后获批国家节能与新能源汽车推广、可再生能源建筑应用、节能减排财政政策综合示范（试点）城市。二是推进节水型城市建设。在工业、生活、建筑和农业等重点领域实施了设施改造、中水回用、雨水收集等一批节水示范项目建设。全面推行阶梯式水价改革，增强了市民的节水意识，一大批企事业、特种用水单位开始升级使用节水设备。三是推出节约用材新举措。部分城市实施宾馆酒店和招待所禁止免费提供一次性日用品政策，每年节约资金上千万元，既节约了资源，也减少了城市固体垃圾。

（三）环保机制改革和环境治理成效明显

通过环境创新经济政策和推行环保自治，一是以经济杠杆为手段创新环保激励约束机制。通过成立环境资源交易所，建立规范化的排污权交易制度，推出排污权有偿使用和交易拍卖，对环境风险企业进行分级管理。二是以村民自治为核心构建农村环保模式。以畜禽污染、集镇污水、农村垃圾三大污染治理为突破，开工建设农村污水处理厂，初步建成覆盖全市的农村垃圾收集处理体系，形成了以"政府主导、村民自治、城乡统筹、科学发展"为特征的农村环境综合整治模式。三是以治污为突破加快流域综合整治。重点推进截污治污、污染源退出、城乡垃圾处理、农村面源污染治理、河道整治与生态修复治理五大工程，实现了城区生活污水全收集、全截污、全处理。四是以无害化资源化为目标处理城市餐厨垃圾。实施餐厨垃圾管理办法，实行统一收运、统一处置。与餐厨垃圾产生单位签约，每天处理餐厨垃圾，餐厨垃圾分离油脂加工转化为生物柴油，实现了餐厨垃圾"无害化、减量化和资源化"利用。

（四）产业升级机制和"两型"产业体系初步形成

按照"两型"要求大力调整产业结构，推动产业发展向"两型"生产方式转型。一是全域化推进落后产能退出。综合应用行政、法律、经济手段，形成有机统一的落后产能淘汰和产业退出政策体系，先后关停了"两高"企业和大量"五小企业"，实现了淘汰落后制革产能、落后造纸产能和落后水泥产能数的目标。采取分类退出、政策引导、经济补偿和倒逼机制，对污染企业实现了全面关闭退出，这样每年可减少二氧化碳、二氧化硫、污水、粉尘等排放量。二是高起点发展战略性新兴产业。围绕打造战略性新兴产业集聚地的目标，培育和引进建设了信息产业园、软件园、科技园、光伏产业园和卡通游戏城等一批符合"两型"要求的高新技术和现代服务业重大项目，电子信息、生物医药、新材料、新能源等战略性新兴产业不断发展壮大。三是产学研结合提升优势支柱产业。加强与高等院校、科研机构的合作，攻克重大产业技术"瓶颈"，实现了优势产业集群快速发展。四是项目化推广清洁低碳技术。依靠科技进步，重点推广新能源发电、城市矿产再利用、重金属污染治理等应用清洁低碳技术，推动产业提质升级，削减了工业能耗，降低污染，努力实现天蓝、水净、地绿、山青。

（五）"两型"建设标准体系和绿色建筑推广机制率先探索

按照"两型"要求建设生态文明示范城市，推进了城市建设的规划创新、标准创新和技术创新。一是以"两型"理念指导城市规划布局。坚持"不挖山、不填水、不砍树"的规划建设理念，以及生态组团式发展空间布局理念，推进生态城市、生态社区、生态园区建设。在新一轮城市总体规划修改工作中，加入了生态控制线规划。二是以"两型"标准规范城市建设实践。形成了市政建设、建筑和新农村三大重点建设领域，包含规划设计、审批管理、技术应用、建设施工、建筑用材等全方位的绿色建设标准体系。三是大力推广绿色建筑。建立了绿色建筑试点示范项目库，推进雨水回收、太阳能应用、中水处理、地源热泵等绿色示范技术。四是示范引领住宅产业化基地建设。充分发挥住宅产业化"五节一环保"（即节水、节能、节时、节材、节地以及绿色环保）优势。五是率先开展绿色轨道建设。率先提出"绿色轨道"的建设理念，全面开展地铁绿色化建设工作，通过绿色规划设计、施工和运营管理，实现轨道交通系统能耗现有平均能耗降低。六是大力推进低碳交通建设。加强综合交通体系建设，开工建设多个交通换乘枢纽。推进智能交通建设，建成智能行车诱导系统。推广了节能与新能源汽车，加快公交车更换为 CNG 车辆和纯电动车的步伐，运营车辆节油的目标。

（六）城镇经济一体化发展积极推进

着力于辐射带动、率先对接、分工协作、引领示范，积极推动城镇一体化发展。一是切实保护生态"绿心"。严格建设项目准入制度，组织开展绿心区域项目清理，全面停建工业项目。推进生态修复，探索生态补偿，严格保护绿心区域内的森林植被、自然景物和人文景观。二是加快重大项目对接。借助国家和省审批的轨道交通、能源、污水处理等重大城镇化基础设施项目，以及市民公共文化服务区建设，重点谋划文化、商务等连片改造项目，特别是中心城区，借助改造提升，加快城中村、旧城改造及特色商业街区建设，实现了城镇化的快速发展。三是推进产业分工协作。定位于重点发展高新技术产业和现代服务业，形成产业资源共享和差异化发展格局。甚至通过政策引导、展会合作等手段，实现共享产业集群资源，提升了城镇产业整体竞争力。

第二节　绿色消费视角下城镇资源配置的劣势分析

一　绿色消费视角下城镇资源配置的宏观分析

（一）生产消费领域缺少生态伦理约束

中共中央政治局《关于加快推进生态文明建设的意见》（以下简称《意见》）指出："必须加快推动生产方式绿色化，构建科技含量高、资源消耗低、环境污染少的产业结构和生产方式，大幅提高经济绿色化程度，加快发展绿色产业，形成经济社会发展新的增长点。"推动生产方式绿色化，就要建立面向人才、产品、市场的绿色支撑体系，形成围绕绿色经济、绿色发展的联动体系，让创新驱动在绿色转型中成为持久的推动力。《意见》强调，必须加快推动生活方式绿色化，实现生活方式和消费模式向勤俭节约、绿色低碳、文明健康的方向转变，力戒奢侈浪费和不合理消费。环境恶化、雾霾来袭，需要大家主动迎战。"生活方式绿色化"将成为每个公民的行为指南。

我国以往的经济增长模式主要来源于生产领域通过资本和劳动要素的投入以及通过扩大生产规模的粗放发展方式实现经济增长。2014年，中国的国内生产总值达到65万亿元左右，工业仍然是拉动经济增长的主要动力。在工业化进程中，我国仅用30年的时间完成了发达国家100多年的发展历程，这意味着发达国家在不同发展时期所遇到的生态问题，我国将在20—30年之间集中爆发。这种高投入、高消费、高污染的增长模式，对生态环境造成了严重威胁，是不可持续的，由于消费领域公民生态伦理意识缺位，生产领域的企业缺少生态伦理约束，漠视生态利益，政府管理部门环境保护监管措施不到位，导致出现了生态污染严重、物种灭绝、资源短缺等生态灾难，再以牺牲生态环境来换取经济效益增长的模式恐怕难以为继。

日趋强化的资源环境约束正在成为城镇经济社会可持续发展的"瓶颈"，同时经济发展对生态资源的新压力与人民群众对改善生存环境的新矛盾日益凸显，人民群众对改善生存环境的欲望越来越迫切。生态文明建设的根本目的是提升人类社会的发展高度以及其成员的生活幸福感，因此，"生产"依旧是生态文明建设的主动力。众所周知，生态文明建设是一个复杂庞大的系统工程，除去"生产"还需要其他领域的支持和配合，消费是一个不容忽略的重要因素。马克思主义政治经济学用"生产—交换—分配—消费"的公式概括了社会大生产的循环过程，由此可见，消费和生产一起构成了社会大生产的关键点，消费在很大程度上决定了生产的持续性与连贯性，消费对生态文明建设的成败也起到了至关重要的作用。然而，传统的消费模式在促进社会生产力发展的同时，也付出了巨大的环境代价。传统的工业文明发展模式以高能耗、高污染、高排放的工业结构作为经济发展的支柱产业，关注的是短期的经济发展效益，对发展的环境和资源代价极少考虑，是一种不可持续的发展道路。与此工业文明相匹配的传统消费模式对资源消耗和生态破坏也起了推波助澜的作用，传统的不合理消费模式，类似过度消费、炫耀性消费、过度膨胀的消费短期看对市场有刺激作用，但从长远看，不仅消耗了大量的能源资源，也加剧了生态环境恶化以及社会的不公平，对经济社会的持续发展起到了制约作用。从世界范围来看，传统消费观念和模式在全球范围内蔓延是一个不容忽视的问题，发展中国家追赶发达国家必定会效仿其消费模式，可是这种生态模式超越了资源和环境的承载极限，最终会使全球的经济发展提前进入资源和生态制约的"瓶颈"状态。"寂静的春天"一旦真的到来，人类的生存和发展都将受到严重的威胁。工业文明孕育下的传统消费模式与生态伦理是相违背的，生态文明建设要树立可持续发展的新常态，并且形成相应的与此相符的新型消费模式，将人类的消费纳入生态系统考虑要素，接受生态系统对人类消费的约束，使之与生态系统协调统一。

（二）消费的主体性缺失

在建设新型城镇化进程中，重要的是提高质量和水平，在发展过程中如何凸显人的核心地位，是我们需要研究和重视的课题。在2013年城镇化率52.6%的数据下，户籍人口却是35%，自2014年户籍改革以后，到2030年新的户籍制度正式建成，需要转移约1亿的农村人口到城市中去，如何保证转入人口的利益，如何保持转出地域的协调性，让转入农民实现市民化，实现利益合法化，做到有工作、有住房、有医疗、有合法权益，这是目前城镇化进程中亟待解决和未来要重视的问题。在建设过程中，一些建设出现"跑题"，见物不见人，在城镇化过程中，只看到建设发展，速度特别快，规模特别大，却看不到"人"，普通民众住不起房子，却出现大批大批的"鬼城"，鬼城不但多而且分布集中，大部分集中分布于沿海经济发达的大中型城市。这一方面是市场扭曲下城镇化造成的现象；另一方面是对人这一主体的忽视。此外，在农民和市民角色转变过程中，往往忽视人的主体性。在发展过程中，不是单纯地建设现代新型城镇，忽视居民原有的品位和志趣，而应该在充分尊重人的基础上，构建城镇的发展形态，建设充满活力、充满生机，以人为本的新型城镇。

在推进城镇化进程中，小城镇为了解决发展过程中的建设问题，城市为了解决用地问题，出现以城乡土地统筹为突破口的城镇化，却导致了农民土地利益严重受损"以城吃乡"的现象，地方政府对土地流转问题不作为，以低价流转土地，使农民的土地利益受损，在损失后却又得不到基本保障并且无法享受合理的公共服务，农民在这一过程中，存在"被自愿"的现象，有些地区为了吸引外商或扩大发展规模，不顾农民意愿，强行租地，将农民土地流转给承包商，导致农民利益受损，严重损害农村农民、城镇居民的原有利益。这些问题主要是由于忽视地区自身经济状况，在快速城镇化热潮中大包大干、大拆大建，盲目发展城镇化所致。土地被肆意利用，农民失地后，政府保障跟不上，激化社会矛盾，近年农民群体事件的增多，大部分都是由农民失地问题引起的。

在现代社会，经济越发达，物质文明越丰富，农村人口不断向城市人口过渡，社会的多元价值观念激烈碰撞，有些人在追寻自身的价值时，越来越依靠外界的标准，因此他们不惜一切代价追名逐利；有些人在社会变革的洪流中出现了暂时的适应不良，严重的会丧失了归属感和存在感，这部分人可能会人云亦云、随波逐流、价值扭曲、心理病态、物质享乐、拜金主义、信任缺失、道德危机等；也有一些人在市场经济的洪流中，成了网络的寄生虫，他们的生活就是一切依靠网络，"从网络中来，到网络中去"正是他们的真实写照，这时候人与人之间的隔膜已上升到处于同一房间却是通过电话或者网络来联络，个体对于电子产品的依赖甚至上升到"手机依赖症"，即手机不在身边就莫名地恐慌和焦躁，而手机在身边则会不停地刷朋友圈或者更新信息，人成了客体性的存在。其实早在20世纪，布莱尔在《比较现代化》中就预测到了，在现代化和城镇化实现的过程中，人与人"个体间的疏离"，他把这称为异化。同时，他还提到"个体认同危机"，并指出"现代环境趋向于使社会原子化，它剥夺了社会成员的集体感和荣誉感，而没有这些个人也难以取得良好的成绩"。在这种情况下，城镇化是为了让人们生活得更好，然而，这个"好"的标准却让个人的价值和成功越来越依赖他人的赞美、目光，越来越通过与他人的比较才拥有自身的认同，这就不可避免地把物欲、价值和城镇化放到了一条大船上。一切以经济发展为中心，迫切追求城镇化效益，只顾眼前利益忽略子孙后代的延绵生息，这种情况如果不加以应对，在一定程度上将导致人的主体性丧失。

（三）传统优良消费文化被侵蚀

科技越是发达，社会越是现代，各种发明越是方便了人类的生活，多元价值观念越是综合作用于人类的思想，"传统社会和各种价值的解体越是明显地表现于现代社会特有的各类病态中"。很多人大力追求生活资料的获得，物质享乐的极大丰富，他们往往在物欲横流的社会中变得更加功利、盲目、劳碌、攀比，在一切予以"外求"的时候，忽视了人自身的真正追求，疏忽了道德规范的制约和人文艺术的修养。在科技可以解决一切的理念下，传统人文价值的发展和人文理念的培养已被抛之脑后，直到各种社会问题频现，人们才会回过头来寻找失落的人文价值素养，才开始意识到人的主体地位已不保。"许多人把不安和焦虑看成是现代的人格特征，这可以直接追溯至伴随现代化过程的深刻的社会解体。"马尔库塞曾得出这样的结论："工业文明的焦点是让人停留在心理和文化的贫困中。"人们在不断追求科技的发展，生产力的提升，社会的进步、现代化的提升的实现过程中，会惊奇地发现精致物件背后的"千人一面、千篇一律"整形手术的高度发达给予了人类一种美的模板，却会丢掉了美的差异性，城镇就像失去了兼容并包之美。这也不符合费孝通关于"各美其美、美人之美、美美与共、天下大同"的文明设想。

　　传统文化尤其是农村文化，在城镇化的进程中必然会受到冲击，甚至是消亡。农村，作为传统文化的根源，在城镇化进程中忽视这一问题，将会给民族文化带来巨大损害。首先，由于人口流失，农村主体劳动力随经济发展转入城镇或大城市，使得地方乡村文化的传承出现断代，甚至是消亡，农村文化的主体性流失是目前农村存在的普遍现象，对农村文化的这种损害会对中国传统文化形成一定冲击，在未来城镇化进程中，这些问题还会存在，随着政府的重视，这种现象会有所缓解。其次，村庄的合并和消失，农村人口的减少和地域的规划，使原有村庄合并，仅仅是 2005 年至 2009 年四年之间，每年就有 7000 多个行政村在减少，从建设发展的角度而言，这是不可避免的现象，可是从农村文化保护角度而言，这是对乡村文化的削弱，是对农村文化根基的削弱。最后，政府对乡村文化的管理制度很不健全，甚至少有管理，这也是导致乡村文化基因受损的原因之一。城镇化作为必由之路，但是却不能在这一过程中将文化消磨掉，而应该是充实丰富。城镇化的发展和传统文化是相协调一致的，杜绝"千面一城"现象的重演，还原城镇本原，在本原的基础上发展和创新，这才是城镇化健康的、绿色的道路。一方面，在城市之间，人们甚至分不清城市与城市的区别，分不清他乡与故乡的区别，城市布局的相似，建筑的相似，人文的相似，城市之间凸显不出特有的文化符号，不管是大城市还是小城镇，都该有自己的文化印记和文化符号。在城镇化过程中，首先就要做好城市的"名片"，才能杜绝"千城一面"的现象，让人们对城市产生归属感和亲切感，从心理上认可这座城市。另一方面，城市内部文化破坏现象的发生，重建设而忽视文化的延续和继承，尤其是在大规模的旧城拆迁和新城建设过程中，不顾历史遗迹和传统建筑，对原有风貌、城市布局和风土人情缺少必要的保护，导致大量历史古迹损坏，减少了人们对城市历史厚重度的感受。我们在发展和建设的过程中，与自然的契合，与地势的结合，与风土人情的融合，与历史人文的集合，这些都是在发展城镇化过程中可以利用的因素，要学会在发展中"借力"，实现"人"和自然、历史的结合。

二 绿色消费视角下城镇资源配置的微观分析

（一）非绿色型的消费生活方式

第一，生活的高碳排放：乡镇的碳排放主要来自机械化作业和农业中化学物质的使用，畜牧禽的养殖方式也是造成环境恶化的原因之一，影响着可持续发展。此外，城镇化消费升级的同时也带来二氧化碳排放量的增长。据不完全统计，碳排放量的90%来自交通方式、生产生活方面。而随着我国城市化进程的不断加快，这几个方面的碳排放总量以十几倍的速度快速增长。此外，私家车数量的不断加大也成为阻碍低碳绿色化城镇建设的重要因素。

第二，传统的城镇化模式以经济和土地发展为主，忽视了人口这一重要特征。随着城镇化推进，以人为本思想的重要性日益突出，而土地利用率的改变，碳排放量逐年递增，因此，我们说当下的城镇化发展模式已不能维持低碳发展的要求。

第三，城镇化推进过程中，现有基础设施越来越不能满足人民生活需要，这就使得地方政府在经济管理方面发挥积极作用。政府缺少科学合理的管理措施导致建设效率不高，人力、物力等资源严重浪费。另外存在的一个重要的问题就是基础设施的严重落后，2013年我国城镇各地区的生活垃圾处理工厂只有800座不到，城镇排水设施系统也相当落后，经常会因为突发性的恶劣雨雪天气而无法运转。因此，地方政府应重视对基础绿色设施的完善，健全城镇公共服务体系，形成精简高效的公共服务机制。

第四，人民的低碳生活顺利进行缺乏完善的法律机制保障。完善的法律政策是城镇低碳经济发展的有力保证，而政策法规的不健全则导致无法界定政府、企业及员工的责任与义务，同样对人们的行为及思想不能起到很好的约束和监督作用。当下，法律、法规的不健全是阻碍城镇低碳经济发展的重要影响因素。

（二）非低碳型的消费生产方式

我国城市目前的经济发展模式，大部分仍然是以高投入、高消耗、高污染、低效率为特征的粗放型增长方式。而导致这一局面的原因之一就是没有有效的科学技术支撑。比如在城镇产业发展方面，乡镇农户、企业无法与大型利益企业建立长期的利益合作关系，形成利益链，这样导致市场的附加值相对较低，因此城镇产业化速度仍然十分缓慢。总的来说，目前我国低碳发展的技术能力和科研实力仍明显落后于西方发达国家，很难为城镇低碳经济发展提供坚实的科研技术支撑。因此，我国提出了走新型城镇化道路以改变这一局面。因为新型城镇化的核心就是改变原有经济发展模式，走可持续发展道路，而这一目标的实现离不开创新技术的应用，低碳发展资金筹集力度不够等原因也严重阻碍低碳经济的发展。当前绿色城镇化政策存在不足，国家层面制定多项有关绿色城镇化发展方面的政策。缺乏相应的政策环境和激励机制，金融领域针对具体环境问题的政策覆盖面不足，金融机构承保绿色金融业务的积极性不高，而传统金融工具尚未完全结合环保特点，不能很好地为绿色低碳领域服务。金融机构在绿色低碳领域缺乏系统的战略安排和完备的政策配套能力，政府监管松弛。另外，金融机构中精通环保领域知识的人才严重缺乏，环境信息的获取成本高。政策制定初期，主要以拉动经济增长为目的，扶持大批资源消耗大、环境污染重的行业，缺乏严格的节能环保指标约束。现阶段，产业政策中涉及节能减排要求的产业覆盖面不广，环保要求主要集中在建筑领域。多数产业政策将我国导向全球产业链末端，以资源和劳动为推动力，缺乏鼓励技术创新的产业政策。

第三节 绿色消费视角下城镇资源配置的机会分析

习近平总书记在党的十八届三中全会上指出："坚持走中国特色新型城镇化道路，推进以人为核心的城镇化，推动大中小城市和小城镇协调发展、产业和城镇融合发展，促进城镇化和新农村建设协调推进。优化城市空间结构和管理格局，增强城市综合承载力。"

中央文件多次强调，要积极稳妥推进城镇化，提高城镇规划水平和发展质量，当前要把加强中小城市和小城镇发展作为重点。生态文明建设战略升级带来政策机遇。按照国家推进生态文明建设的要求，在"十三五"及相当长的一段时间内将强力推进生态建设、环境保护，更加严格实施生态环境指标，并按照生态文明的要求推进发展方式的根本转变，实现经济、社会与生态环境的协调。国务院关于深入推进新型城镇化建设的若干意见（国发〔2016〕8号）强调，全面贯彻党的十八大和十八届二中、三中、四中、五中全会以及中央经济工作会议、中央城镇化工作会议、中央城市工作会议、中央扶贫开发工作会议、中央农村工作会议精神，按照"五位一体"总体布局和"四个全面"战略布局，牢固树立创新、协调、绿色、开放、共享的发展理念，坚持走以人为本、四化同步、优化布局、生态文明、文化传承的中国特色新型城镇化道路，以人的城镇化为核心，以提高质量为关键，以体制机制改革为动力，紧紧围绕新型城镇化目标任务，加快推进户籍制度改革，提升城市综合承载能力，制定完善土地、财政、投融资等配套政策，充分释放新型城镇化蕴藏的巨大内需潜力，为经济持续健康发展提供持久强劲动力。坚持点面结合、统筹推进。统筹规划、总体布局，促进大中小城市和小城镇协调发展，着力解决好"三个一亿人"城镇化问题，全面提高城镇化质量。充分发挥国家新型城镇化综合试点作用，及时总结提炼可复制经验，带动全国新型城镇化体制机制创新。坚持纵横联动、协同推进。加强部门间政策制定和实施的协调配合，推动户籍、土地、财政、住房等相关政策和改革举措形成合力。加强部门与地方政策联动，推动地方加快出台一批配套政策，确保改革举措和政策落地生根。坚持补齐短板、重点突破。加快实施"一融双新"工程，以促进农民工融入城镇为核心，以加快新生中小城市培育发展和新型城市建设为重点，瞄准短板，加快突破，优化政策组合，弥补供需缺口，促进新型城镇化健康有序发展。

改革开放30多年来，我国经济快速增长，为城镇化转型发展奠定了良好物质基础。城乡统筹发展为推进绿色城镇化奠定了坚实的基础。交通运输网络的不断完善、节能环保等新技术的突破应用，以及信息化的快速推进，为优化城镇化空间布局和形态，推动城镇可持续发展提供了有力支撑。各地在城镇化方面的改革探索，为创新体制机制积累了经验。

一　城乡统筹发展为推进绿色城镇化奠定了坚实的基础

加快推进城乡发展一体化既是我国改革开放以来特别是统筹城乡发展以来的必然结果，也是全面建成小康社会、实现社会主义现代化和中华民族伟大复兴的客观要求。统筹发展为推进绿色城镇化奠定了坚实的物质、理论和制度基础。加快城乡发展一体化进程不仅必要，而且具备了推进的可能。

（一）经济社会的平稳快速发展为绿色城镇化发展的加快推进奠定了坚实的物质基础

2011年，我国国内生产总值达到47.3万亿元，经济总量从世界第六位跃升到第二位；人均国内生产总值超过5000美元，进入中等收入国家行列；全国财政收入10.37万亿元，是2002年的5.5倍，年均增长20.82%。粮食和农业综合生产能力显著提高，粮食连续九年实现增产丰收，连续六年稳定在万亿斤以上，主要农产品生产和供给状况大为改善；城乡居民收入以较大幅度稳步提高，农民收入增长实现"九连快"，年均增长8.6%。现代农业建设速度加快，农业内部结构和农村产业结构不断优化，工业和农业产业之间融合不断加深，第一、第二、第三产业的比例关系逐步改善，城乡发展的规划和空间布局加快衔接。农村社会事业发展快速推进，城乡基本公共服务差距正在缩小。从深化农村义务教育经费保障机制改革开始，逐步实现了城乡义务教育经费保障政策的统一，全国约1.3亿农村学生享受免学杂费和免费教科书政策，农村教育资源配置得到加强。加快农村医疗卫生事业发展，新型合作医疗制度实现农村居民全覆盖，并逐年提高财政补助标准；同时，实行农村基本公共卫生免疫保健和农村医疗救助。促进农村文化事业发展，采取多种形式解决农民看电视难、听广播难、看电影难、读书看报难、体育锻炼难的问题，改善基层公共文化设施条件，丰富农民群众文化生活，让广大农民也能享受到文化发展和文明进步的成果。逐步建立城乡统一的社会保障网络。农村社会保障从低水平、不健全的状态向稳定提高水平、逐步实现全覆盖方向发展；同时，农村社会保障覆盖范围、标准也在与城市逐步衔接统一。随着财政支持农村社会事业发展和农村保障制度建设的力度不断加大，公共财政覆盖农村不仅范围逐步扩大，而且覆盖程度向纵深发展，农村居民享受的改革发展成果越来越丰富。所有这些，都为加快城乡发展一体化做好了物质基础上的准备。

（二）理论创新为加快绿色城镇化进程奠定了思想基础

党的十六大以来，我们党勇于推进实践基础上的理论创新，围绕坚持和发展中国特色社会主义提出了一系列紧密相连、相互贯通的新思想、新观点、新论断，形成和贯彻了科学发展观，对新形势下实现什么样的发展、怎样发展等重大问题做出了新的科学回答。党的十八大进一步系统全面地阐述了道路、理论和制度"三位一体"的中国特色社会主义，进一步明确党必须长期坚持的指导思想。提出了坚持和发展中国特色社会主义需要牢牢把握的八个"必须"；同时要求，全党必须更加自觉地把推动经济社会发展作为第一要义，把以人为本作为核心立场，把全面协调可持续作为基本要求，把统筹兼顾作为根本方法。所有这些，都为推进城乡发展一体化指明了方向，明确了要求。指导思想明确的同时，城乡一体化发展理论创新也在不断深入。从"统筹城乡经济社会发展"到"重中之重"，从"两个趋向"论断到总体进入以工促农、以城带乡发展阶段的判断，从"五个统筹发展"的科学发展观到提出建设社会主义新农村以及农村经济、政治、文化、社会和基层组织"五位一体"建设，从扩大公共财政覆盖农村范围到逐步实现城乡区域基本公共服务均等化，从坚持走中国特色农业现代化、逐步形成城乡经济发展一体化到要在工业化、城镇化深入发展中同步推进农业现代化（"三化同步"）。这些重大理论创新为推进城乡发展一体化做好了充分的理论准备。

（三）深化改革为加快绿色城镇化进程奠定了制度建设基础

党的十六大以来，体制机制创新不断深入，制度建设破立并举，努力促进形成符合城乡统筹发展要求的制度框架。首先是宏观经济体制改革持续深化。基本经济制度进一步完善，财税体制改革迈出新步伐，金融体制改革取得新进展，价格体制改革逐步深化，收入分配制度改革开始向纵深起步，这些改革为更大程度、更广范围发挥市场配置资源的基础性作用，完善和加强宏观调控体系奠定了基础。其次是农村体制改革取得突破性进展。农业税收制度从减免试点开始到最终取消农业税收制度，破除了实行2600多年的"皇粮国税"制度，逐步建立城乡一致的税收制度。与此同时，农业补贴制度逐步建立完善，国家与农民的利益分配关系发生了根本性的转变；集体林权制度改革、县乡机构改革等取得重大进展，农业科技体制、经营管理制度也朝着适应市场经济体制、促进科学发展的方向迈进。最后是农村公共服务制度和社会保障制度迈出实质性的步伐。不断完善城乡农村义务教育经费保障机制，逐步健全城乡统一的教育特别是义务教育制度；不断提高新型合作医疗补助标准和报销标准、比例，探索城乡之间合作医疗制度的有效衔接；不断提高农村最低生活保障水平和覆盖范围，不断扩大新型农村养老保险制度覆盖范围，覆盖数亿农民的农村社会保障三项制度基本建立，几千年来中国农民学有所教、老有所养、病有所医、困有所济的愿望正在实现。此外，土地制度、投资体制、就业和户籍制度等改革也在积极探索之中。这些制度建设，有力地促进了农村经济社会发展，有力地促进了农民平等参与现代化进程共享改革发展成果。不仅基本构建了统筹城乡发展的政策体系，而且初步搭建起了统筹城乡发展的制度框架，为城乡发展一体化奠定了制度基础。

二 各地为创新体制机制积累了经验

全国各地在按照全面提高城镇化质量的新要求同时，结合各自特色和优势，围绕重点问题开展体制机制创新探索，形成了一批可复制、可推广的经验，为其他地区提供引领示范案例。下面基于消费视角，以长株潭城市群绿色城镇化发展经验进行体制机制创新说明。

（一）长沙市城市精细化管理实践

"两型社会"和宜居生态城市是内容与形式的统一关系，二者互为因果，形成良性互动。"两型社会"建设本身应当包含宜居生态城市建设，宜居生态城市建设是实现"两型社会"的必由之路，是"两型社会"建设的方式和手段。因此，长沙"两型社会"建设的顺利实现必然要求其全面推行宜居生态城市建设。精细化管理提倡"规范化"、"精细化"和"个性化"，应当成为"两型社会"和宜居城市建设的重要指导思想和管理理念，既是决定"两型"建设事业成败的关键，也是提升政府执政与服务能力的重要途径。长沙在建设宜居城市的同时，在推行精细化建设与管理模式上进行了一系列探索，取得了初步成效。

1. 率先编制城市色彩规划，提升长沙品位与特色

长沙市在全国率先启动色彩规划编制工作，并通过公示和专家论证，确定"素雅的暖色调"为长沙的主色调。结合城市总体规划要求和实际现状，长沙色彩规划采用国际通用的蒙塞尔色彩体系制定了4个系列标准色谱，色谱中明确规定了建筑物外立面基调色、

辅助色、强调色与坡屋顶色的适用范围。4 个系列色谱分别是：外立面基调色禁止使用色谱、推荐使用色谱、控制使用色谱、长沙市专用色谱。

按照色彩规划管理应用方法，在报建图审查的建筑环境审查阶段，市规划局将对建设色彩进行审查。申报单位须提供具有蒙塞尔色值编号的设计方案说明、图样及外墙材料的样板，规划管理部门根据提供的方案通过专业测色工具以及核对标准色票进行核查，在选用的色彩符合规划的基础上，再对此建筑自身色彩的搭配运用，以及其色彩与周边环境的搭配进行综合审查。色彩审查通过后报审单位方可施工，施工后的验收也应按照最初提供的方案、样品与实际现场涂装效果进行比对，核对结果无误后方可同意验收合格。

2. 修订城市绿线管理办法，维护市民享有绿色权利

绿地、山体、水体、森林既是人们宝贵的财富，也是大自然的恩赐，保护好它们是我们的神圣职责，应当把城市绿线当成"高压线"来管理，通过制度建设杜绝非法砍树、填水、挖山的行为。

社区公园建设稳步推进。为了让市民享受更多更好的休闲绿地，长沙着重推进社区公园建设。目前已完成了芙蓉区东屯渡社区公园、天心区石人村社区公园、岳麓区橘洲新苑公园、开福区胜利村公园等 6 座社区公园建设。2012 年长沙将完成 30 个社区公园建设。有条件的地方还要建设运动与健身设施。未来几年，长沙城市"绿线"规划的总目标实现后，每一个市民步行 500 米就能到达小区级公园、出行 300 米就能见绿。

道路绿化集约化建设。长沙先后在韶山路、319 国道四方坪段实施了道路中间的绿化带改造，拓宽了车道，提高了车辆通行能力。根据这个经验，长沙在今后的道路建设与改造中，将逐步贯彻新的理念：将现在的带状绿化改为块状绿化，同时，大幅削减道路中间绿化带的宽度，将节省下来的土地在道路两边适当的位置建设小游园。这样，既可以提高道路利用率，也不减少绿化面积，还方便群众休闲娱乐，一举多得。

3. 实施城市疏导工程，体现人性、简约和整洁

近几年，长沙城区人口和车辆快速增长，城区道路越来越拥挤，保持交通畅通是一个长远而艰巨的任务。长沙遵循"打通出口，完善路网，全面提质，畅通城区，打通微循环，连接两岸"的总体指导思想，本着"质量第一"的要求，推行交通疏导工程和城市道路建设。

疏导城区交通，提升通行能力。对湘江中路、城南路、白沙路、万家丽路、人民路、车站路、东风路、新世纪大道二环线转盘、国防科大北门等道路及节点进行改造；打通五一商圈、湘雅二医院（只实施行人过街通道）、伍家岭三个区域微循环。人民路由原双向4车道变为双向6车道；城南路路幅宽30米；五一商圈微循环改造已完成，周边道路改造工程已完成玛格丽特东侧道路出入口的建设和三兴街解放西路口段的降坡处理；白沙路、湘江大道项目、湘江中路、国防科大北门疏导工程已全部完成。路面拓宽和沥青路面铺设，将大大提高通行能力。人民路、城南路、车站路、东风路等路的疏导，对城区通行能力提高起到巨大作用。

道路设计体现人性、简约和整洁。人性化改造：人行道与路面标高的落差由原来的20多公分高改到10多公分高；打通湘雅二医院处的行人过街通道以及长沙市11中地下人行通道，大大方便市民；规定城市道路路面禁止停车，两边空地尽量增设公共停车位。简约化建设：人行道采用清水混凝土替代以前的麻石板，增强人行道抗磨损能力，大大节约成本；人行道路灯间距扩大，减少路灯的成本。道路整洁美观：对道路两边建筑物进行立面清洁与改造；电线全部下地，增加路面的整洁感。

4. 树立全寿命周期成本最小理念，建设精品工程

高质量的建筑是最有效的财富积累，长沙的城市建设必须树立全寿命周期成本最小理念，精心设计、精心施工，既考虑建设成本最小，又考虑使用维护成本最小，建设经久耐用、美观大方的精品工程，实现一代人建设几代人甚至几十代人享受。

在工程项目的建设方案的选择上，坚持科学比选。湘府路大桥最初方案是三跨悬索桥梁，总投资约需 14 亿元人民币；在审核项目时，本着节约实用的原则，提出选择平实的连续桥梁方案建议并被采纳，最终的方案只需要 7.84 亿元，节约 6.16 亿元。

金洲大道是长沙城区通往宁乡县的双向 6 车道高等级公路，是精品工程的典范。采用浅碟形边沟设计；人行道全部采用混凝土压膜，美观耐用；道路两旁绿化带不栽灌木改种带状草皮，驾驶人视野开阔；护栏不用水泥墙和铁索改用柔性缆索等。充分体现了公路建设与自然和谐共存的发展理念。同时注重建设节约，施工中，工程技术人员发现高液线土和粉质红砂土不适合做路基，一般的处理方式是将其挖走，再从别处运来适合做路基的土壤，这样要消耗大量的资金和土地。工程指挥部请专家进行技术攻关，通过碾压土壤和加入沙砾等手段改造非适用性土壤解决了问题。仅此一项就节省投资 1000 多万元。

5. 开展社区环境综合整治，打造城市精品社区

亮化、绿化、美化，打造精品特色社区。长沙基本完成对 40 个社区的环境综合整治工作，按照经济、适用、美观的原则，改造工程分为精品特色社区、达标社区、一般性改造社区和维持现状适当整修社区四类。改造工程通过修建下水管网、硬化社区道路、添置亮化、绿化设施等，彻底改变社区环境中脏乱差、管理混乱、基础设施落后等问题。对原有破旧居民楼栋进行集体立面改造，推进"平改坡"工程，拆除多处违章建筑，下水管网全面更换，各类园林小品建设增添社区雅气。

社区服务功能分区，方便居民，增强社区凝聚力。按照学习、生活、休闲等社区服务功能，划分功能服务区：学习体验区，包括学校、社区图书室等；商业购物区，包括各类大商场和小门店、餐饮店、银行等；运动健身区，包括健身场、羽毛球馆等；生活休闲区，为居民楼栋集中区，包括社区医院等。对社区功能进行区域划分，可以让居民足不出户就能充分享受社区的公共服务，给居民生

活带来方便，同时增强居民对社区的认同感，为构建和谐社区凝聚人气。

6. 完成景观街建设与改造，凸显城市底蕴与特色

投资 8000 万元建 5 条特色景观街，包括车站北路、东风北路、新民路、城南中路和城南西路。车站北路景观街全长 2200 米，建成现代商居景观街；东风北路（德雅路口至三一大道高架桥段）全长 1700 米，两厢建设抽取古城墙符号、火车轨道和集装箱符号加以运用，结合烈士公园，打造休闲景观街；新民路在保留原建筑的基础上，加入街道小品雕塑、文化墙等元素，体现该区域深厚的文化底蕴；城南中路（芙蓉路至韶山路段），建成现代宜居景观街；城南西路（芙蓉路至天心阁、南门口至湘江路段）两边的建筑及景观主要表现古代文化。

7. 不挖山、不填水、不砍树，坚持生态优先

长沙依山而建，依水而居，因山而秀，因水而美，在城市建设中坚持"生态优先"、"不挖山、不填水、不砍树"的理念。长沙跃进湖被誉为"长沙之肺"，在实施跃进湖提质改造工程时，管理部门欲将跃进湖北片 20 余亩土地规划为公园办公区，在此修建办公楼。张剑飞市长获知此事后十分关注，带领市直有关部门负责人到跃进湖现场办公。在现场察看、认真听取跃进湖提质改造的修建性详规后当即决断，跃进湖北片的 20 余亩土地全部恢复为水面，还湖于民。

8. 实现城管"数字化"，提供优质高效的公共服务

长沙数字化城管系统正式运行，覆盖面积达 213 平方公里，形成 4952 个单元网格，280 个工作网格，每个工作网格安排一名信息采集员，对部件、事件进行全方位的监控管理，发现问题即时拍照上报，及时派人处理。各项维护作业都制定了相应的精细化管理标准。数字化城管能第一时间发现问题，第一时间处置问题，第一时间解决问题。此外，市监督中心统一受理各种来源的城市管理问题，包括信息采集员上报、社会公众举报、城市建设管理 12319 服

务热线、110 联动、领导批示等。数字化城管系统和工作流程，让城市管理更加有序，为市民提供快速、优质、高效的社会化公共服务。

9. 实施市政精细化维护作业标准，美化城市环境

修订完善并实施了环卫、市政、绿化精细化维护作业标准，进一步美化城市环境。加强市政维护工作，强化排水疏浚设施排查和抢修，组织对部分主干道、主要商业街、主要广场、人行道、无障碍设施进行改造；加强园林绿化维护管理和渣土管理等，使城市空气质量进一步改善；高标准做好环卫清扫保洁工作，扩大夜扫保洁的范围，提高机械化作业率；对全市道路立面、地面"牛皮癣"进行了一次全面清除；加强门前市容环境卫生责任制的落实，实行路段责任制、执法跟进制、领导联络制。

城市不是一座经济机器，而应成为适宜人居的幸福家园。"两型社会"建设是一个全新的命题，没有现成经验可借鉴，也没有现成模式可遵循。长沙在今后的"两型社会"建设中应始终坚持资源节约和环境友好的发展理念，不断探索，继续努力，实现精细化管理和科学发展的新路子，为长株潭城市群建设成为具有国际品质的现代化生态型城市群做出应有的贡献。

（二）坪塘老工业基地"两高"产业退出和生态修复

2008 年年底，为率先在长株潭"两型社会"试验区打造两型示范片区——长沙大河西先导区，长沙市委、市政府决定高起点规划建设"两型新坪塘"，实施坪塘老工业基地"两高"产业退出和生态修复工程。该工程是湘江流域重金属污染治理和坪塘老工业基地转型发展的重点项目，长沙大河西先导区"两型社会"建设综合配套改革的重点内容，旨在探索老工业基地区域性"两高"产业整体退出、生态修复的经验，形成老工业基地节能减排、调整优化产业结构、实现"两型化"发展的示范模式。通过三年多的努力，坪塘老工业基地"两高"产业退出和生态修复工程已经成为"两型社会"建设与改革的实践样本。

1. 背景情况

坪塘老工业基地位于大河西南端、湘江以西、长沙饮用水源上游，总面积 13.15 平方公里，所属范围有大王山、狮峰山、靳江河、观音港、桐溪港、巴溪洲等丰富的自然山水洲资源，还有曾国藩墓、桐溪寺等底蕴深厚的历史文化遗存。所属坪塘镇，原系长沙老工业重镇，总面积 112 平方公里，总人口约 6 万人。2008 年，该镇有企业 96 家，完成总产值 26.82 亿元，其中规模以上工业企业 34 家，过亿元企业 4 家，企业主要分布在以镇政府为中心的 6 平方公里范围内。"三高一低"企业多，由于环保基础设施和污染治理措施落后，全镇大多数企业工艺水平低、能耗高、物耗高、效益低，资源消耗量大、浪费严重，落后产业集群每年排出大量废水、废气，严重影响全市空气质量和市民饮水安全，对全市生态环境破坏严重。

截至 2008 年年底，坪塘老工业基地仍有 21 家"三高一低"（即高污染、高能耗、高物耗、低效益）企业，特别是 6 家水泥厂采用国家明令淘汰的机立窑生产工艺，年总能耗约为 10 万吨标准煤，万元产值能耗达到 5.67 吨标准煤；而化工企业大多沿江设厂，排污口均处于湘江饮用水源保护区范围内。由于坪塘老工业基地处于湘江长沙段上游和上风口，其扬尘和大气污染排放对长沙城区环境质量影响较大；坪塘镇域范围内常年烟尘飞舞、污水横流，生态破坏严重，农作物生产受到严重影响，水泥行业烟尘废气污染和化工企业污水排放造成的土壤和地下水污染一直是公众投诉的焦点。据统计，2008 年，该镇 21 家高污染企业年排放情况（见表 5 - 1）为：二氧化硫 11563 吨、氮氧化物 895 吨、烟尘 5930 吨、工业粉尘 1995 吨，向湘江排放工业废水 203 万吨，其中 84% 的工业废水未经任何处理就直接排放，COD 159 吨，氨氮 102 吨，导致湘江长沙段水质和地下水水质不断恶化，对饮用水源尤其是距该镇下游仅 1 公里的长沙市第二水厂取水安全构成严重威胁。

表 5 - 1　2008 年坪塘老工业基地 21 家污染企业退出前污染物排放情况

序号	企业名称	废水			废气						固废产生量（吨）
		排放量（吨）	COD（吨）	氨氮（吨）	排放量（万立方米）	二氧化硫（吨）	氮氧化物（吨）	工业粉尘（吨）	烟尘（吨）	氟化物（吨）	
1	湖南省新生水泥厂	67540	0.03		158730	1570.8	112.7	653.9	790.5	855.6	9355
2	望城麓山水泥有限公司	59834	0.05		91576	1314.8	109.7	348.4	966.2		
3	长沙市水泥厂	31000	0.03		52020	1206	91.2	337.92	1501		
4	湖南省坪塘水泥厂	28320	0.02		48381	1336.9	87.7	153.3	852.5		
5	长沙师峰水泥厂	36240	0.02		62904	1060	91	201	268.5		
6	长沙坪塘水泥厂	25980	0.02		59863	1226	103.8	180.7	661	565.8	
7	湖南三环颜料化工有限公司	985000	131.3	99.8	47275	826.6	58.32	120	145.2		166
8	长沙蜂巢颜料帖合海绵有限公司	40188	3.49	1.88	9604.9	260	45.3		30.35		9857
9	长沙维一化工涂料有限公司	69200	0.08	0.01	9960	356	24.8	0.06			13.2
10	望城县新飞冶炼厂	49300			2333.6	96	5.8		40		4015
11	湖南省宏发冶炼化工厂	56540			7000.8	288	17.6		88		9044.35
12	湖南长沙鹏湘实业有限公司	121000	0.2	0.04	8418	367.6	21.4		62		864
13	望城县国恒帖合海绵有限公司	83200			6326	204.3	16.4				
14	湖南长沙湘旺实业有限公司	70800			4218	64.8	12.9				
15	长沙前正锌品厂	85400			23336	780	58.8		280		1396
16	长沙伟业金属化工有限公司	151400	0.12		9158.4	427.2	26.2		178		1030
17	长沙坪塘天然香料厂	12440	18.91	0.04	3704.6	172.8	10.6		65		40
18	长沙通立电力线路通信器材厂	56591	2.25		279						40
19	长沙红宇化工	420	0.28	0.005	102.9	4.8	0.29		2		16
20	望城鹏翔化工有限公司	878	0.61	0.01	66.3	0.14	0.06	0.03	0.004		
21	望城县开源废旧回收有限公司	1032	1.31	0.03	241						108
合计		2032303	159.22	101.815	605499	11562.74	894.57	1995.31	5930.254	1421.4	35944.55

2. 主要做法

根据国家法律法规及政策，坪塘镇"两高"产业退出主要分四大类实施，即强制淘汰类、强制关闭或搬迁类、限期治理类和结合规划拆迁类。通过制度创新和政策保障，采取分类退出、创新优惠政策引导退出和运用倒逼措施强制退出等多种手段，坪塘"两高"产业退出工作取得了预期的成效。

（1）组织实施。2008 年年底，长沙市政府常务会议讨论通过《长沙市坪塘老工业基地产业退出实施方案》，确定了坪塘老工业基地产业退出的基本思想、政策措施等，成立了坪塘老工业基地产业退出领导小组，由中共长沙市委常委、先导区党工委书记担任组长，从市国资委、财政局、劳动和社会保障局等 20 多个市直部门抽调 20 多名骨干组成；并争取省给予支持，坪塘老工业基地重金属污染治理暨产业退出和生态恢复工程被列为《湘江流域重金属污染治理规划》重点支持项目。通过共同努力，退出工作，目标任务超额完成。

立足全局，整体谋划。从长沙"两型社会"建设大局和要求出发，《长沙市坪塘老工业基地产业退出实施方案》明确了产业退出工作目标、实施步骤、职责分工以及具体要求。从 2008 年年底开始，分地段、分行业、分批次、分污染轻重，通过强制关闭、升级改造、整体搬迁、企业转向等方式，解决坪塘老工业基地的污染问题。具体安排，用 2 年时间完成坪塘镇国家淘汰产业、饮用水源保护区污染企业的强制淘汰或搬迁；用 3 年时间完成超标排放企业的限期治理或关闭，改善坪塘镇环境质量，根除饮用水源安全隐患；在此基础上，推进坪塘片区城市建设扩容提质，推动宜居新城建设。

着眼实情，差别对待。依据相关法律法规，针对退出企业所处的行业、具体情况和要求的不同，按照"一厂一策"的办法，为每个企业量身定制具体退出实施方案。一是根据《大气污染防治法》《产业结构调整指导目录（2005）》《水泥工业产业发展政策》等，对采用普通立窑等国家淘汰工艺的企业实施强制淘汰。二是根据《水污染防治法》《湘江长沙段饮用水水源保护条例》《湖南省环境保护条例》等，对影响水源和超标排放企业予以改造或关闭。三是根据《城乡规划法》，结合《大河西先导区空间发展规划》《坪塘镇控制性详细规划》和建设需要，对需退出企业实施搬迁、注销或转型升级。

表 5 – 2　　　　坪塘老工业基地 21 家污染企业退出安排

序号	企业名称	退出时间	退出方式
1	湖南省新生水泥厂	2009 年	退二进三
2	望城麓山水泥有限公司	2009 年	退二进三
3	长沙市水泥厂	2009 年	退二进三
4	湖南省坪塘水泥厂	2009 年	退二进三
5	长沙师峰水泥厂	2009 年	退二进三
6	湖南长沙坪塘水泥厂	2009 年	退二进三
7	湖南三环颜料有限公司	2009 年	搬迁升级
8	长沙蜂巢颜料化工有限公司	2009 年	退二进三
9	长沙维一化工涂料有限公司	2010 年	退出
10	望城县新飞冶炼厂	2010 年	退出
11	湖南省宏发冶炼化工厂	2009 年	退出
12	湖南长沙鹏湘实业有限公司	2009 年	退出
13	望城县国恒帖合海绵有限公司	2010 年	退出
14	湖南长沙湘旺实业有限公司	2010 年	退出
15	长沙前正锌品厂	2010 年	退出
16	长沙伟业金属化工有限公司	2010 年	退出
17	长沙坪塘天然香料厂	2010 年	退出
18	长沙通立电力线路通信器材厂	2010 年	就地提质改造
19	望城红宇化工厂	2009 年	退出
20	望城鹏翔化工有限公司	2009 年	退出
21	望城县开源废旧回收有限公司	2009 年	退出

厘清职责，分级负责。按照"谁主管、谁负责"的原则，由主

管部门负责相关企业退出工作的具体实施。市属企业分别由市司法局和市国资委具体负责，省属企业由先导区管委会牵头负责，其他企业按照"属地管理"原则由岳麓区政府具体负责。同时，将退出工作任务纳入对各级各部门的年度综合评价体系和党政领导干部绩效考核，对完不成任务的部门及责任领导实行"一票否决"。

分清轻缓，分批退出。在充分调研的基础上，根据企业落后产能及污染状况，实施分批治理和退出。

（2）制度安排和政策供给。通过创新完善产业退出政策制度体系，探索建立四个有效机制，即激励机制、倒逼机制、引导机制、保障机制，为老工业基地"两高"产业退出提供政策制度保障。

建立激励机制，鼓励企业积极退出。一是建立专项资金。市政府设立长沙市坪塘产业退出专项资金，先导区管委会设立先导区生态建设专项资金，每年安排专项资金5000万元，各区、县（市）政府相应建立专项资金，同时通过土地整治后招商引资，争取中央和省级财政支持等途径，基本保障企业退出、职工安置、企业二次创业发展、环境污染治理、生态修复等的巨大资金需求。二是实施财政奖励。按退出时间的先后实施差别化奖励，早退出，早受益多受益。按照政策，列入2009年退出计划的6家水泥厂在2009年6月30日前完成退出的，按每万吨产能50万元实施奖励；2009年7月1日起逐月递减，每万吨每月减少5万元，2009年12月31日前未完成退出的，不再实施奖励。三是落实减排补偿。对企业退出后削减的污染物，根据核定的减排量，按照SO_2：700元/吨，COD：800元/吨的标准予以补偿。四是土地政策激励。土地保障是退出企业二次创业发展的关键。退出企业就地退二进三，自主开发需改变土地用途，经审核后可直接按规划用途补办土地出让手续，不进行招拍挂，出让金的50%可返还给企业；退出企业按规划用途补办土地出让手续需缴纳的出让金、配套费、契税等费用可申请延期至办理报建手续时缴纳，其按规划用途办理的土地使用权可转让或抵押；退出企业自主开发，在被拆除的房屋原地建设时，可按被拆除面积抵扣城市配套费；退出企业整体搬迁或开发新项目所需用地，优先安排用地指标，有关用地手续按照从简从快的原则予以办理。五是实施信贷激励。对及时完成"退二进三"、提质改造和退出后异地重建的企业，金融机构实行优先贷款。

严格倒逼机制，敦促企业如期退出。一是行政倒逼。对不按期实施淘汰退出的企业，由各行政主管部门加大行政执法力度，工商部门不予办理工商年检注册，质监部门不予颁发生产许可证，环保部门不予发放排污许可证，税务部门不予办理出口退税。二是要素倒逼。对纳入退出计划的企业，实行差别电价水价等经济手段，提高企业生产要素供给成本，促使其按计划退出。规定逾期未完成退出，水电部门采取停止供水供电等强制措施。三是信贷倒逼。对列入强制淘汰、强制搬迁或关闭、限期治理的企业，金融机构在退出前不予信贷支持。

创新引导机制，引导企业主动退出。一是产业政策引导。根据国家产业政策、先导区产业发展和坪塘产业发展规划，定期发布和动态调整鼓励类、限制类和淘汰类产业指导目录，严格执行市场准入，引导退出企业二次创业向鼓励类产业发展，并参照技术改造创新相关扶持政策予以奖励或补贴。二是产业标准引导。率先在先导区试行《两型技术产品认定标准》《两型企业标准》《两型产业标准》，推进"两型"企业、"两型"园区创建。三是考核引导。将"两高"产业退出工作、节能减排工作目标等纳入各级政府年度绩效考核体系，引导政府工作重心调整到以绿色 GDP 为核心的工作中去。

强化保障机制，确保企业平稳退出。企业职工再就业和社会保障是实现企业平稳退出的关键。退出企业关闭后，涉及的 5100 多名职工全部得到了妥善安置。一是督促企业根据自身情况制订合规、可行的职工安置方案，明确淘汰奖励资金优先用于职工安置、补缴职工养老和医疗等保险经费、偿还债务等。二是对实现再就业有困难的下岗职工，有条件的企业实行企业内部退养，由企业按规定为其缴纳社会保险费，并逐月为其发放基本生活费，达到法定退休年龄时，由企业正式办理退休手续。三是对因病、因残和企业托管职工进行妥善处理；对有一定技能下岗职工进行分流，落实就业；对无技能职工办理提前退休或实施安置补偿。四是通过加大就业宣传力度，开展就业培训，举办退出企业下岗职工再就业招聘会，帮助职工早日就业。五是积极鼓励支持下岗职工自主创业，在人力、物力、财力和政策上向下岗职工倾斜，为他们自主创业提供更加优惠的政策和创业指导。

按照《长沙市坪塘老工业基地产业退出实施方案》等政策文件要求，坪塘老工业基地实现预定目标，即第一阶段投资 5 亿元完成了区域内污染严重的 21 家水泥化工企业的关闭退出；第二阶段投入 20 余亿元回购退出企业土地 2500 余亩，解决了退出企业职工安置急需的资金问题；第三阶段投入资金 3 亿元，全面开展企业退出后重金属污染土壤和流域的治理，矿山（坑）开采所留下的地质灾害治理以及对所破坏的生态进行修复。

目前，坪塘老工业基地已全面完成了饮用水水源保护区污染企业的强制淘汰或搬迁以及超标排放企业的限期治理或关闭，坪塘镇整体环境质量得到改善，彻底根除了饮用水源安全隐患；退出企业关闭后，涉及的 5100 多名职工全部得到了妥善安置，正在全面开展生态修复工作。

3. 生态修复与环境提质示范样板工程启动

在坪塘老工业基地产业退出取得关键成果的基础上，长沙大河西先导区决定将坪塘老工业基地提质改造为大王山旅游度假区，建设成为全国乃至全世界生态修复与环境提质示范样板工程。

开发建设大王山旅游度假区能够实现由工矿区、污染区、地质灾害多发区向环境优美的旅游度假区转变，使环境得到修复，还原青山绿水，充分展现"两型社会"建设的特色，从而对全国"两型社会"建设起到示范和引领作用。大王山旅游度假区规划面积 39.36 平方公里，总投资 800 亿元，发展定位是国际水平的旅游度假区和山水洲融合的绿色新城，是迄今为止湖南最大的旅游产业项目，首期开发区面积达23平方公里。

目前，大王山旅游度假区规划建设进展顺利。一是已编制完成坪塘控制性详细规划。二是通过积极拓宽融资渠道，构建了长、短贷款相结合，集企业债券、中期票据、短期融资券于一体的资金体系，已落实开发资金120多亿元。同时，社会资金对片区具有浓厚的兴趣，如果土地供应到位，80亿元社会资本可快速投入片区。三是已完成首期开发区80%的征地和40%的拆迁工作。2011年片区启动建设以来，已投入征地拆迁资金52亿元，完成征地12451亩，完成或正在拆迁集体土地面积11395亩，已完成或正在征收国有土地3410亩。今后三年，计划完成征地8700亩，完成拆迁9753亩，完成征地拆迁投资108亿元。四是基础设施建设加速推进。截至目前，大王山旅游度假区43个重点建设项目已完成投资15亿元，主干路网骨架全面拉开，坪塘大道、潇湘大道、莲坪大道、巡抚路、督抚路等基本建成。巴溪洲水上公园、门户广场、湘军文化园等项目正在建设。未来三年，将铺排41个重点项目，计划投资126.26亿元。五是抓紧推进冰雪世界、水世界、欢乐世界、湘军文化园、体育休闲公园、汽车主题公园、滨水文化商业街等重大建设项目的招商和规划设计工作，2016年年底建成投入使用，届时以国际水准建设的大王山旅游度假区将成为长沙的名片和重要的旅游支撑产业。

三　交通运输网络的不断完善、节能环保等新技术的突破应用，以及信息化的快速推进，为优化城镇化空间布局和形态，推动城镇可持续发展提供了有力支撑

（一）交通运输网络不断完善

2015年12月8日，国家发展改革委与交通运输部联合发布《城镇化地区综合交通网规划》（以下简称《规划》），确定21个城镇化地区，提出构建城镇化地区以轨道交通和高速公路为骨干，以普通公路为基础，以水运、民航为有效补充，高效衔接大中小城市

和小城镇的结构优化、层次多样、快速便捷交通运输网络。一是
2020 年城际铁路覆盖城镇化地区 98% 节点城市。国家发展改革委基
础产业司副司长任虹介绍，《规划》确定了京津冀、长江三角洲、
珠江三角洲等 21 个城镇化地区，以及其他陆路边境口岸城镇化地
区，涵盖 215 个城市。目前，这些地区的人口和 GDP 分别约占全国
的 65% 和 90%。《规划》提出，到 2020 年，京津冀、长江三角洲、
珠江三角洲三大城市群将基本建成城际交通网络，相邻核心城市之
间、核心城市与周边节点城市间实现一小时通达，其余城镇化地区
初步形成城际交通网络骨架，大部分核心城市之间、核心城市与周
边节点城市间实现 1—2 个小时通达。届时，我国城镇化地区城际铁
路运营里程将达到 3.6 万公里，覆盖 98% 的节点城市和近 60% 的县
（市）。到 2030 年，基本建成城镇化地区城际交通网络，核心城市
之间、核心城市与周边节点城市间实现一小时通达。二是构建内通
外联综合交通网。交通运输部综合规划司巡视员于胜英介绍了《规
划》的重点任务。一方面，完善城镇化地区间综合运输通道。依托
"五纵五横"综合运输大通道，有效支撑国家"两横三纵"城镇化
空间布局，加密骨干通道，优化通道布局，强化西北与华东华南、
西南与东北华北地区之间的连接，实现 21 个城镇化地区的高效联
通。另一方面，构建城镇化地区内部综合交通网。以综合运输大通
道为主骨架，重点建设城镇化地区城际铁路网；完善国家高速公路
网，适度建设地方高速公路，强化国省干线公路，畅通、衔接干线
公路与城市道路；优先发展城市公共交通，鼓励采取开放式、立体
化方式建设集铁路、公路、机场、城市交通于一体的综合交通枢
纽。三是发展多元化个性化运输服务。《规划》还从提升运输服务、
发展智能交通、创新体制机制等方面提出保障措施建议。根据《规
划》，城镇化地区将发展多元化运输服务，提供公交化客运服务，
提高专业化货运水平。核心城市间主要发展点对点快速客运，核心
城市与节点城市间主要发展普速客运，中心城区与郊区间主要发展
通勤客运，有条件的地区发展支线航空运输，支持发展个性化、定

制化运输服务。客运方面，提供城际铁路运营大站快车、站站停等
多样化运输服务，推进城际之间客运班车定线、定点、定时公交化
运行，推进不同运输方式间客票的一体联程和不同城市间的一卡互
通。货运方面，发展货运班线、城市配送、快递等多样化、专业化
的城际货运服务，促进货物多式联运。同时，积极研究发展"互联
网＋便捷交通"，强化信息开放共享，发展智能交通。《规划》提
出，创新体制机制，完善综合交通管理体制。加强城市间沟通与协
作，协调解决交通运输统筹规划、同步建设及资金筹措、运营模式
和补贴等问题；拓宽融资渠道，推广政府与社会资本合作模式，研
究建立城镇化地区交通建设发展基金；支持城际公共客运发展，探
索城镇化地区交通特许经营模式。

（二）节能环保引领绿色革命

城镇化并非新课题，世界范围内的城镇化可以追溯到第一次工
业革命。我国的城镇化也是和现代化、工业化同步推进的。在过去
20年间，我国城镇化率年均提高1.2个百分点，目前达到51.3%，
已步入国际公认的快速发展和转型关键阶段。但我国通过以资源消
耗为主的、粗放式的城镇化发展模式，实现了经济的高速增长；但
这种以环境破坏为代价的经济发展难以持续。进入21世纪，节能环
保和生态文明建设日益受到国家和民众的重视。我们必须围绕提高
城镇化质量，因势利导、趋利避害，选择一条符合生态文明理念和
原则的集约、智能、绿色、低碳的新型城镇化道路。新型城镇化对
节能减排提出了新的要求：一是城镇化本身对能源、资源的需求会
大幅增加。目前我国城镇化率刚超过50%，发达国家一般在75%—
80%。据测算，一个农村人口转入城镇后，能源消耗将增加3倍，
城镇化率每提高1个百分点，能源消费将增加0.8亿吨标准煤，据
此推算，我国达到发达国家的城镇化水平，将增加能源消耗超过20
亿吨标准煤。二是能源、资源利用方式粗放，"城市病"日益突出。
过去十多年我国城镇化发展过程中，资源、能源浪费现象严重，城
市规划不合理，注重追求规模扩张，城市圈地占地现象十分突出，

一些城市贪大求全，盲目建设大马路、大广场，而同时又出现大量农村耕地撂荒现象，资源、能源浪费严重。在城市内部，建筑能耗、交通能耗迅速攀升，城市垃圾污水处理产业化体系尚未形成，交通拥堵、住房紧张、环境污染、资源紧缺等"城市病"日趋严峻。三是城市规划和空间布局也不利于节能减排。一些地方城镇化缺乏长远科学规划，城市区域分布、空间布局、功能区划存在千篇一律、功能雷同等问题，部分地方政府超越发展阶段和实际情况推进城镇化，造成一定程度上的无序和盲目发展，这种发展模式本身也不利于节能减排。因此，我国城镇化过程中必须更加注重节能减排，加快建立有利于节能减排的产业结构、生产生活方式和消费方式，走出一条不同于过去的新型城镇化道路，才能破解能源、资源约束，实现城镇化扩内需、促发展等战略目标。

"十三五"生态文明建设重点：资源高效利用 + 环境质量改善。节能和环保是生态文明建设的两个重要方面。2015 年 4 月，国务院《关于加快推进生态文明建设的意见》提出生态文明建设的具体目标。一方面，要求资源的利用更加高效。对于部分资源利用指标，如单位 GDP 二氧化碳排放、万元工业增加值用水量、非化石能源占一次能源消费比重等，均提出了高于"十二五"期间的标准。另一方面，要求生态环境质量总体改善。包括主要污染物排放总量继续减少，大气环境质量、重点流域和近岸海域水环境质量改善，土壤环境质量总体保持稳定，环境风险得到有效控制，生物多样性速度得到基本控制，全国生态系统稳定性明显增强等。此外，林业局早在 2013 年 9 月发布的《推进生态文明建设规划纲要（2013—2020)》，划定了生态红线，提出了到 2020 年为止的主要指标体系，如到 2020 年森林覆盖率达到 23% 以上，森林蓄积量达到 150 亿立方米以上，湿地保有量达到 8 亿亩以上等。此外，相关部委也对"十三五"的生态文明建设规划有所表态。发改委的有关人士表示，"十三五"规划中将有专门一篇布局生态文明建设，具体将从节能减排、循环经济、环境保护等方面开展。而环保部有关人士也表示，环保"十三五"规划将以环境质量改善为核心，落实好大气、水、土壤三个"十条"，并做好农村与生态保护修复、核与辐射环境安全保护。在总量控制的具体指标上，除继续对4种常规污染物实行总量控制外，还将新增工业烟粉尘、VOCs、总氮、总磷4种污染物。

环保投入增加，行业获重点支持。"十二五"以来，我国在环保方面的投入力度不断加大，公共财政的节能环保支出从2011年的2641亿元增至2014年的3816亿元；全社会环保投入也逐渐增加：2011年和2012年，全社会环保投入分别为6026亿元和8253亿元，占国内生产总值的1.59%左右；而2013年和2014年的全社会环保投入均在1万亿元以上，"十二五"期间全社会环保投入预计将超过5万亿元。而据环保部测算，"十三五"期间环保投入预计将增加到每年2万亿元左右，"十三五"期间社会环保总投资有望超过17万亿元。由此可见，"十三五"期间节能环保方面的投入可能将是"十二五"期间的2倍以上。上述投资的数字尽管粗略，但从中可看出政府对节能环保的重视和大规模投入的决心。大规模的投资对节能环保行业形成的支持力度也将是前所未有的。

（三）信息化快速推进绿色城镇建设

在城镇化快速推进过程中，也存在耕地过度挤占、城镇空间分布不均衡、环境资源超负荷承载等重重难题。要走出一条中国特色城镇化道路，不能再简单着眼于人口比例增加和城市面积扩张，要更加重视产业结构、就业方式、人居环境、社会保障等由"乡"到"城"的转变，更加重视城镇建设质量内涵的提升。而云计算、物联网、移动互联网、大数据等信息化技术的加速创新与应用普及，将智慧城市、无线城市、数字乡镇等一系列崭新理念引入城镇化建设，为城市基础设施的智慧装备与普及服务，为城镇布局的优化完善乃至城镇经济的可持续发展，提供了强有力的带动支撑。

不断夯实的信息基础设施，提升了城镇公共服务能力，解决了城乡、区域间均衡发展的问题。党的十八大明确要求"努力营造公平的社会环境",公平的实现需要更加注重区域的全面协调可持续发展,而信息化建设是促进区域协调发展的重要环节。以村通工程为代表的基础网络的全覆盖,以农村信息服务站为代表的信息应用的普及和推广,打破了地域、经济发展水平之间的差别,让乡镇人口可以无差别地获取信息。在此基础上,城市、发达地区的公共服务资源得以向乡镇、欠发达地区延伸和覆盖,城乡融合服务体系得以实现,城乡统筹发展有了更好的实现途径。

信息技术改变城镇生产生活组织形式,让城镇布局更加合理。随着我国经济的快速发展,大城市的问题越来越严重。数据显示,我国每年增加 10 个人口超过 100 万的大型城市,未来 20 年每年新增 20 个人口超过 50 万的中型城市,到 2025 年,全球人口超过1000 万的 13 个特大新兴城市中有 7 个在中国。与此相伴的,是大量的碳排放、能源消耗以及拥堵的交通、高企的物价。信息技术可以打破时间和空间的限制,实现生产生活要素有机、高效的组合。城镇的规划可以因地制宜,能耗大、污染重的企业可以依势而建,工作、购物可以足不出户,更多的卫星城将星罗棋布在大城市周边,通过信息网络,它们之间完全可以做到"形散而神不散"。

信息技术转变城镇经济的增长方式,保障城镇化进程的可持续性。过去的 30 多年里,我国城镇化的推进主要依赖工业化,"世界工厂"所带来的是粗放的用地用能方式,以及对城镇环境和资源的重创。在新型城镇化道路上,信息技术融入生产过程中,实现生产资料的合理规划、生产过程的有效监控。同时,随着电子商务等应用的普及,信息技术影响了城市传统的交易和消费行为,转变了城镇经济的增长方式,为城镇化的推进带来集约、循环、低碳的"绿色模式"。目前,我国已有 28 个省区市,320 多个城市投入 3000 亿元建设智慧城市,还有超过 80% 的城市在"十二五"期间将智慧城市作为加快经济发展转型的战略导向。业内人士估算,随着更多城市上马智慧城市建设,以及相关服务的推出,"十二五"期间各地智慧城市建设将带动 2 万亿元的产业规模。

信息化助推城镇化，城镇化的快速发展也为信息化带来广阔的发展空间。城镇公共基础设施，包括交通信号灯、污水处理系统、铁路运输、电力供应和公共安全等系统，将越来越依赖于网络等信息技术，这将产生大量信息基础设施建设需求。城镇化过程中，生产、生活水平的提升也让更多城镇居民加入信息消费的行列中。数据显示，2000—2011 年我国人口城镇化率提升了 15%，而我国互联网普及率则增加了 36.6%，这从一定程度上表明，人口城镇化每增加一个百分点，就会让互联网普及率相应提升 2.24 个百分点，城镇化对信息化的拉动作用由此可见一斑。

城镇化是中国未来几十年最大的发展潜力，信息化是先进生产力的代表，二者在同步发展的过程中互相借力，在获得自身发展的同时，共同为实现全面建成小康社会目标，为我国经济转型和消费升级贡献力量。

第六章　绿色消费视角下城镇资源优化配置提升策略

第一节　绿色消费视角下城镇资源优化配置的基本原则

绿色城镇建设于湖南而言是一项全新课题，需要在改革发展中创造和构建。为此，必须不断创新，总结经验、探索出符合自身的发展模式。总体而言，绿色城市创建应本着具体化、生态化、可持续化的原则予以展开。

一　遵循具体化原则，因时制宜、因地制宜地推进我国现有城镇的绿色化进程

具体化原则是指协调好经济建设、生态保护和社会发展之间的关系，以实现经济、社会、生态系统的可持续发展。城镇化建设并不是一个孤立的行为，它与经济、文化、政治、科技以及人口资源的承载力有着密切的关系，城镇化建设促进了经济、文化、政治、科技领域的发展，而经济、文化、政治、科技领域的发展又为城镇化建设提供各种保障与支撑。实现社会、经济、生态系统的可协调发展，是可持续发展的核心理念。

由于我国城镇化发展水平参差不齐，因此，必须分类推进城市的绿色化进程。对城镇化水平较高、"城市病"已经凸显的特大城市和东部区域，应着重提升城镇化质量，适当放缓城镇化速度。由于近年来东部区域城镇化速度太快，存在"过度城镇化"倾向，导致东部区域的城镇化过程存在严重的生态问题，尤其是区域水体污染严重（长江、太湖水域，珠江水域，巢湖水域，湘江水域均污染严重）。"城市病"是城镇化进程中因城市的快速扩张、城市的环境、资源、基础建设等难以适应快速的工业化和城镇化发展，所表现出来的与城市发展不协调的失衡和无序现象，也是城市资源环境承载力不堪重负的外在表现。如果继续盲目扩大城市容量，不仅会加剧已经超载的城市生态承载负荷，导致资源枯竭、生态持续恶化，而且会导致居民生活质量下降，经济发展成本上升，阻碍城市的可持续发展。对城镇化水平较低、生态环境脆弱的西部区域，要依据自然生态特点，统筹区域全局合理规划，协调城市发展与区域生态的关系。西部地区虽然矿产资源相对丰富，但水资源严重短缺，土壤荒漠化、草原退化现象严重，工业化水平相对偏低。因此，西部区域城镇化速度不宜过快，规模不宜过大，应该与工业化进程和城市资源环境承载力相适应，注意水资源的节约、保护和循环利用。目前尤其需要注意东部地区的高耗能、高污染企业向中西部转移带来的生态环境问题，防止中西部地区城镇化重蹈东部地区尤其是西方国家城镇化的覆辙。

具体化发展要与资源环境的支撑力相适应，具体化发展要建立在生态环境良性循环的基础上，严格限制在资源和环境的承载能力之内，保持经济与人口、资源、环境相互协调地发展。具体化原则就是要充分协调好科技进步、优化结构、内涵扩大、科学管理等各个方面，要不断优化生态环境质量，不断提高经济运行的质量，不断改善人们生存与生活质量，实现生态效益、社会效益和经济效益三大效益有机统一。

二　遵循生态原则，建设绿色城镇

"生态城市"是1971年联合国教科文组织发布的"人与生物圈"计划中首次提出的一个概念，明确提出要从生态学的角度用生态方法来研究城市。一般认为，绿色城市是自然、城市与居民融合为一的有机整体，是社会和谐、经济高效和生态良性循环的人类住区形式。生态城市的发展目标是实现"人—社会—自然"的和谐，强调城市与自然的相融，实质是实现人与人的和谐。其中，追求自然系统和谐、人与自然和谐是实现人与人和谐的基础条件。相对于传统城市，绿色城镇建设应遵循绿化原则。这里的"绿化"并非只是绿色化，而是指生态化。生态城市建设是一项系统工程，从绿化角度看生态城市建设，就是要求在城市规划设计、基础设施建设、产业结构布局和城市运行管理等方面均须做到低能耗、无污染、再循环和可持续。具体表现在：城市规划空间结构布局合理，环境基础设施完善，生态建筑广泛应用，人工环境与自然环境协调；城市经济发展方式为内涵集约型，建立生态化的产业体系；建立快捷便利清洁的城市交通体系；采用太阳能、风能等可再生清洁能源为主的能源结构；循环利用水资源等不可再生资源；城市与乡村融合，互为一体，生态村落、生态社区和生态城市只是分工的不同，而非差别更非对立；城市教育、科技、文化、制度、法律、道德等方面都随之实现生态化。可见，生态城市是一个"社会—经济—自然"的复合系统，自然生态化是基础，经济生态化是条件，社会生态化是目的。

生态优先原则对于解决新型城镇化建设中出现的生态伦理问题有着较强的指导意义。生态优先原则是改变城市发展思路、改善生态环境、实现新型城镇化可持续发展的内在要求。我国快速城镇化持续了30年，许多城镇的规模有了一定的扩张，但是城镇建设并没有实现改善人生存环境的目标，而是更大限度地破坏了经济、社会和自然的生态关系，有些地方环境污染严重。从历史经验和现实问题可以得出这样的认知：中国新型城镇化必须优先考虑生态，充分认识水资源、地质状况和自然资源对社会经济发展的长期价值，城镇作为自然生态系统的一个有机组成部分，要想得到持久的永续发展，必须将其纳入自然生态系统中去考虑。如此，才能实现绿色环保新常态，成就拥有青山、拥抱蓝天的幸福。

三　遵循可持续性原则，积极建设绿色城镇

未来的城镇化进程应大力发展中小城镇。发展中小城镇既可以在一定程度上避免以大城市为主体的集中型城市化带来的"大城市病"。更为重要的是，通过发展中小城镇，一方面可以联结城乡，使乡镇企业向城镇集中，从整体上优化农业产业结构，也可以增加更多的就业机会，使农业富余劳动力向城镇第二、第三产业转移，增加农民收入，缩小城乡差距，实现共同富裕。另一方面中小城镇的繁荣，会给农民带来一种崭新的生活方式，有利于促进农村文化、教育事业的繁荣，推进城乡一体化。当然，也要注意中小城镇建设过程中的生态化问题。一方面要对小城镇进行科学环境评价，依托小城镇本身的资源优势，合理规划和布局小城镇的产业结构，积极引进和培育高新技术产业；但要严格禁止大城市污染产业向中小城镇转移。因为在同样规模产出的情况下，欠发达地区由于技术落后、资源廉价、环境标准缺失，只会付出更大的环境资源成本。另一方面要适当放大中小城镇基础设施建设的承载容量，特别是污水排放和再生利用以及垃圾分类、回收等设施，提前预防伴随中小城镇城市化进程加快出现的"城市病"。

可持续发展原则要求我们以一种更为长远的眼光来看待事情的发展，生态环境保护与治理虽然需要支付昂贵的治理、保护、发展费用，从短期来看，付出可能超过了短期的可视收益，这也是很多地方政府对于生态环境治理不作为的重要原因，但是从长远来看，生态环境保护和治理能够带动节能环保等相关产业的发展，能够拉动投资增长，扩大消费需求，形成新的经济增长点，有利于促进产业结构的调整，推动生产方式和生活方式的转变，改善民生。可持续发展原则有利于协调生态环境保护与治理方面的区域性矛盾，比如说经济发展较快区域的人可能只付出少量的成本就可以享受到超出其成本的环境收益，而经济发展较慢区域在本身就不富裕的情况下，为治理环境付出了较高的成本却无法获得对等的环境收益。新型城镇化建设，既要考虑城镇建设、经济增长的功利性需求，又要

兼顾生态环境的要求。可持续发展理论指导下的新型城镇化发展建设，必将具有坚实的理论基础和丰富的哲学内涵。

第二节　绿色消费视角下城镇资源优化配置的发展重点

一　城镇资源优化配置的"四大抓手"

（1）规划引领。科学的城市规划是建设绿色城镇的第一步。经济社会发展蓝图，需要政府设计；绿色城镇创建，更需要政府规划。科学编制、组织实施政府规划，有利于合理有效配置社会资源，引导市场对资源配置起基础性作用；有利于加强、改善宏观调控，履行经济调节、市场监管、社会管理、公共服务的职责；有利于分阶段、分层次实现发展目标，促进经济社会又好又快发展。因此，开展绿色城镇创建，一是要坚持高起点规划，在城市规划中，要降低高碳产业的发展速度，提高发展质量；二是要加快经济结构调整，加大淘汰污染工艺、设备和企业的力度；三是要提高各类企业的排放标准；四是要提高高能耗、高排放等行业的准入条件。从决策源头上保证城市总体规划符合绿色城镇的发展方向，切实把好城市增量发展的"绿色关"。

（2）自主创新。绿色城镇的发展，根本要义在于技术上的自主创新。提升节能技术、新能源的生产和应用技术，提高能源使用效率，以实现城市节能减排目标。绿色城镇创建，谁掌握了绿色核心技术，并加速绿色技术的创新与应用，谁就能在绿色城镇创建中处于有利的位置。发达国家虽有向发展中国家与地区提供技术转让的规定，但实际操作与预期进展相去甚远。因此，湖南绿色城镇创建，需要在加强对外合作交流、借鉴域外先进建设经验的同时，大力鼓励自主创新，开发具有自主知识产权的能源技术，提高科技对产业升级、节能降耗的支撑能力，形成湖南绿色城镇创建的核心竞争力。

（3）公共参与。绿色城镇创建需要政府、企业和居民三方通力合作，需要各部门共同参与。发展绿色城镇既不是简单的市场行为，也不是完全的政府行为，而是公共治理的三方相互影响、相互作用、共同参与的过程。政府对绿色城镇的认识程度往往决定绿色城镇发展的高度，它在绿色城镇的发展中主要起到规划、引导和管理的作用。企业则应及时把握政府的政策动向，将绿色战略转化成发展理念，采取绿色经济的运行模式，走可持续发展的道路。居民应充分意识到绿色城镇创建与自身生存质量紧密相连，是事关切身利益的发展大事，应大力支持，积极融入。

（4）有序推进。绿色城镇创建是区域发展模式的创新选择，它意味着区域建设理念的变革、生产方式的变化、生活方式的转变、能源结构的转换、产业结构的调整以及技术的革新。但需要指出的是，选择绿色城镇发展模式，不能以牺牲经济发展为代价，相反，绿色城镇的发展必须要同地方经济发展相结合，做到经济社会发展与绿色城镇创建"双赢"。因此，湖南绿色城镇建设，应该结合省情，科学合理地分区域、分阶段、分重点地有序展开。把绿色城镇创建作为完成节能减排任务和生态文明建设的一个突破口，把绿色城镇创建的相关政策制度安排纳入湖南战略发展层面和政策体系中，使绿色城镇创建工作健康有序推进。

二　城镇资源优化配置的"五大落脚点"

绿色城镇创建是一项长期而复杂的工程。在具体实践中不能"眉毛胡子一把抓"，应在做好统筹规划的同时，找准符合省情的发展重点。结合绿色城镇发展实际和绿色城镇发展的要求，应着重在绿色交通、绿色建筑、绿色能源、绿色生产、绿色消费五大落脚点上下功夫。

（1）绿色交通。城市交通工具是温室气体的主要排放者，发展绿色交通是创建绿色城镇的题中应有之义，必须尽早纳入城市规划建设中去。在城市交通创建中：一要推行城际轨道交通为主、高速公路为辅的交通模式，加快城市的轻轨和地铁建设，打造高速立体交通网络。二要在城市交通方面下决心保留和扩大自行车道和步行道，大力发展地铁、快速交通、公交占用道，优化公交出行方式，如哥本哈根市的交通工具是自行车居首、公共交通第二、私人轿车最末。三要控制私人交通出行的数量和降低单位私人交通工具的碳排放，减少交通的碳排放和空气污染，比如私人交通可采取分尾号单双交替出行的方式，对于私人高排量车提高消费税等。同时，加速推进城市综合交通节能体系建设，引进和开发汽车新技术，开发混合燃料汽车及电动汽车；使用氢燃料等清洁能源或替代能源，减轻交通运输对环境的污染，采用先进技术装备，提高运输业效率，降低燃料消耗。调整优化运输结构，加速淘汰高耗能的老旧汽车及船舶，发展节能型交通运输工具，推广使用 CNG 汽车、小排量节油汽车。加快船舶标准化进程，提高港口节能降耗水平。运用先进科技手段提高运输组织管理水平，加强港口、铁路、公路、机场、城市道路的衔接，构建一体化交通换乘系统。加强交通基础设施全过程监管，实现整体资源节约。

（2）绿色建筑。绿色城镇的建设离不开绿色建筑这个单元。发达国家的实测数据表明，随着人们生活水平的提高，建筑能耗接近全社会总能耗的40%。以英国的布里斯托市为例，2000 年全市碳排放量中，住宅和商用建筑的排放量占37%。伦敦市碳排放总量中，家庭住宅占到38%，商用和公共建筑占33%，建筑已成为二氧化碳最大的排放项目。当前，我国正处在城镇化快速推进阶段，城市建筑将成倍增加，应抢抓"两型"社会建设和绿色城镇创建的历史机遇，推行绿色建筑，在增量上严格绿色建设标准，在建筑中推行绿色设计和运行。在建筑设计上引入绿色理念，选用隔热保温的建筑材料、合理设计通风和采光系统、选用节能型取暖和制冷系统、推广利用太阳能，加大城市绿化力度，提高城市绿化率。同时，对不符合绿色要求的存量建筑进行科学有序的改造。在运行过程中，倡导居住空间的绿色装饰、选用绿色装饰材料，避免过度装修，在家庭推广使用节能灯和节能家用电器，鼓励使用高效节能厨房系统，在建设施工和城市运行管理中，倡导居住空间的绿色装饰，选用绿色装饰材料，避免过度装修，杜绝毛坯房。在家庭推广使用节能灯和节能家用电器，鼓励使用高效节能厨房系统。与此同时，促使建筑节能政策与法规的建立，完善建筑节能设计与评价技术，加强供热计量控制技术的研究，加快可再生能源等新能源和低能耗、超低能耗技术与产品在住宅建筑中的应用。从各个环节上贯彻"节能减排"，做到在不影响人民群众生活质量的同时有效地降低绿色排放量。

（3）绿色能源。2006 年的能源绩效测评中，中国仅排在第 54 位，属于资源绩效较差的国家之列，节能降耗也就成了我国经济可持续发展的必然要求。从能源结构上看，煤的含碳量最高，油及天然气次之。其他形式的能源如核能、风能、太阳能、水能、地热能等属于绿色能源。中国作为煤资源贫乏且能耗较高的国家，要创建绿色城镇，急需碳中和技术，在消费前对高碳能源进行绿色化和无碳化处理，减少燃烧过程中的碳排放。要积极推进能源结构调整，大力发展可再生能源，推进水电、风能、沼气、地热能和生物质能利用以及可再生能源与建筑一体化的科研、开发和建设，加强资源调查评价。加快电源结构调整，以电力为中心、煤炭为基础、天然气为补充，发展风力发电、垃圾焚烧发电和秸秆等生物质能发电，抓好煤层气和煤矸石的综合利用。充分利用清洁发展机制，做好煤矿瓦斯的回收利用。加快能源消费结构调整，在生产、生活领域积极推广沼气、天然气、地热等清洁能源的综合利用，最大限度地减少煤炭、石油等化石燃料的使用，减少二氧化碳排放。

（4）绿色生产。绿色生产需实行循环经济和清洁生产，在生产中引入高新技术，提高能源效率。在循环经济中坚持开发节约并重，按照减量化、再利用、资源化原则，大力推进节能、节水、节地、节材，加强资源综合利用，完善再生资源回收利用体系，加强工业污染防治，形成低投入、低消耗、低排放和高效率的节约型增长方式，努力在生产、流通和消费等各个环节建立起资源节约型和环境友好型的循环经济体系。清洁生产在资源的开采，产品的生产，产品的使用和废弃物的处置全过程中，最大限度地提高资源和能源的利用率，减少能源消耗和污染物产生。全面推行清洁生产，加大清洁生产审核力度，实施重点行业清洁生产示范工程，在机械制造、电力、冶金、化工、医药、水泥、煤炭等行业开展清洁生产审核，创建清洁生产企业。加大高新技术的研发、绿色产业的培育力度。把握全球产业变化趋势，制定绿色产业发展战略，将可再生资源、高新技术产业作为产业发展的重点，结合现有产业基础，大力发展文化传媒、旅游、新闻、出版等现代服务业，以求达到降低能源消耗，提高能源效率。

（5）绿色消费。创建绿色城镇，倡导和实施绿色消费是其不可或缺的重要组成部分。从日常生活做起，节省含碳产品的使用，实行可持续的消费模式，为绿色城镇建设做出贡献。鼓励家庭绿色消费，引导家庭要转变消费模式和习惯，拒绝"一次性"消费、"便捷"消费以及"高能耗"消费，住能耗更小的房子、尽量少开私家车，鼓励绿色出行，形成家庭消费的绿色化、低能耗的消费模式和习惯。引导个人绿色消费。倡导个人绿色文明消费，适应绿色经济发展，提高消费者的文明消费意识。通过宣传和引导，让消费者了解文明消费的内涵，要有绿色消费的意识，偏好绿色环保的产品，让绿色消费成为一种习惯；倡导绿色购买，积极引导和规范人们的消费行为，发展绿色产品市场，将绿色产品作为消费产品的主要构成部分；实施绿色处理，拒绝传统的"抛弃式"的简单处理，提升消费的文明程度，实现人与自然的和谐统一。引导企业绿色消费。引导企业通过设备更新和技术进步减少能源消耗尤其是碳化材料的消耗，积极开发和探索可替代、可回收材料，对于环保型企业要给予大力支持和赞助，引导企业生产绿色产品，实现生产领域的绿色化。政府要坚持"绿色化"运作。政府作为社会公共管理的主体，既是管理者，也是消费者，既承担着对经济进行调控和引导的职能，也消费市场提供的产品，政府在引导绿色经济发展的同时要树立"绿色化"运作的榜样，降低消费的"高碳化"。减少公务用车数量，改大排量轿车为小排量轿车甚至采用环保清洁能源，减少纸张的使用率，实现"无纸化"、"网络化"办公。

第三节　绿色消费视角下城镇资源
优化配置的对策建议

一　构建合理机制

（1）构建组织机制。绿色城镇创建组织机制由规划机构先行、领导职责明确、工作机构固定、联席会议和咨询机构搭建五部分组成。①成立绿色城镇规划小组，结合区域发展战略对绿色城镇进行高起点规划，在城市规划中自始至终贯彻绿色理念。②成立绿色城镇创建协调小组。由省政府行政长官任协调小组组长，负责组织实施绿色城镇发展战略方案，审批专项创建方案，协调建设中的重大问题。③组建常设的工作机构。负责创建日常工作的开展，组织编制创建方案、协调编制专项方案，组织创建工作中项目的立项、论证、审批、评估和验收等工作。④建构联席会议制度。在省市之间建立联席会议制度，方便绿色城镇创建协调小组与各市的衔接和协调，对绿色城镇创建的相关问题进行及时的联系、沟通。⑤搭建高层次的咨询机构。成立由著名专家、知名人士组成的专家组，增强绿色城镇创建决策的科学性和民主性，为绿色城镇创建提供智力支持和决策参考。

（2）健全激励机制。首先，成立绿色城镇创建基金，列入政府财政计划，具体经费预算由当年绿色城镇创建工作需要决定，基金审批由创建协调小组负责，对各市绿色城镇创建予以支持。其次，建立补贴机制。对新能源的开发、现有能源的技术改造，对绿色技术的研发、应用、转让，对绿色产业的发展、绿色产品的生产，针对各个领域、各项技术、各类产品建立相应的补贴政策和标准。鼓励消费者消费节能型产品，对购买节能型产品如低排量汽车、环保房子等大件商品应提供适当补贴。最后，建立融资优惠机制。对在可再生能源领域、节能产品开发及能降低能耗的新工艺开发上进行投资，建立融资优惠政策。通过建立创建基金及相应的补贴、融资等激励机制，推动绿色经济的发展，加速绿色城镇的创建。

（3）创新治理机制。在经济快速发展过程中，要完成绿色城镇的创建，除在催生新型绿色经济和绿色产业发展之外，也急需创新治理机制。一是建立健全能源结构调整机制，针对目前能源结构中过于依赖煤炭等传统能源的现状，加快新能源的研发力度，制定能源结构转换发展战略，明确能源战略目标和战略任务，推动能源绿色化发展。二是制定行业排放与耗能治理机制。结合实际，研究编制重点产业发展战略，进一步完善产业结构比例，提高绿色产业比重。对工业中高耗能、高排放的机械制造、电工电器、水泥、造纸等行业要明确其排放标准和整改期限，促使其进行技术改造和产业升级；对无法满足绿色发展要求的落后企业，要坚决整顿一批、取缔一批。三是完善市场机制。全面发挥市场调节功能，使绿色产品、绿色技术、绿色服务市场化。四是构建公众参与机制。在绿色行动中促使政府、组织、家庭和个人等多方主体积极主动地融入绿色城镇创建活动中去。

（4）建立制约机制。如果治理是对过去发展模式的修正，那制约机制则是为了使发展符合世界先进发展理念，避免再走发展弯路的制度设计。首先，确定刚性排放指标。针对经济发展速度和目前能耗情况，制定科学合理又有发展紧迫感的排放总量，以通过刚性排放约束加快绿色经济发展速度。其次，制定针对每个产业、每个行业，尤其是高耗能、高排放行业的能耗排放标准，对不能满足排放要求的企业要坚决阻止其上马。最后，制定碳税征收机制。进一步加大对碳税的征收力度，对高碳企业和行业进行专项碳补偿税收征收，利用税收这一分配杠杆，有效地制约新进企业的业务选择，亦促使原有需进行技术改造的企业加大绿色建设力度，推动企业绿色化进程。

（5）完善评价机制。绿色城镇创建的成功与否，除去参与主体的主观感受之外，仍需要一套全面规范的评价机制，以便能更加客观真实地反映绿色城镇创建水平。首先，根据绿色城镇创建工作需要，建立一套不同时期在新能源应用、绿色技术创新、绿色生产、绿色建筑、绿色交通、绿色消费等方面的量化评价指标体系，争取客观描述不同时期的绿色城镇创建进程。其次，引入民间机构进行技术测评。民间机构在第三方评价中被国际公认为具有独立性、公正性和客观性的优势，是社会智慧的集中和价值体现。因此，要努力促进非官方评价机构发展，对民间研究机构投入一定的支持。最后，将绿色城镇评价体系纳入课题研究，提高绿色城镇发展的透明度，实事求是，坚持民主和科学，以完善绿色城镇评价体系。

二　创新消费观念、结构与制度，促进绿色消费发展

（一）大力倡导绿色消费理念，构建绿色消费文化

政府部门应率先垂范绿色消费，真正建立一种节约型机关作风。要加强对公款消费行为的监管，使政府的绿色消费宣传真正信服于民众，绿色消费政策有效贯彻执行。要组织新闻媒体大张旗鼓、深入持久地开展宣传。省教育厅要在全省中小学中组织开展国情省情教育和节约能源教育活动。同时，民间社会组织也要积极推进绿色消费理念的宣传工作；组织社区开展绿色消费宣传活动，加强社区居民绿色消费教育。

（二）合理引导绿色消费需求，促进居民消费结构绿色化

促进居民消费结构由高碳化向绿色化转变，一是制定绿色消费原则与标准。根据湖南绿色经济发展的要求，可以确定绿色消费结构调整的基本原则：低能耗、低污染、低浪费原则。并提出绿色消费的四个参考标准：绿色消费的健康标准、能耗标准、环境标准、社会标准。二是增强绿色消费能力。在能源消费价格提高的同时，从绿色消费需求的满足上，必须不断提高居民的经济收入水平，为

居民消费支出结构的优化奠定坚实基础。三是大力发展绿色消费品。要促进绿色消费品市场的不断发展与繁荣，实现绿色消费品市场供给结构的优化。

（三）完善绿色消费的制度监管体系，增强绿色消费的制度保障力

建立政府、市场与企业三位一体化监管体制。一是加强绿色产品市场监管。在绿色消费市场上完善相应的市场准入制度；积极加大对绿色消费品在能耗指标上的监管力度，组织开展假冒伪劣绿色消费品的专项打假活动；强化对绿色消费品能效标识和节能产品认证工作执行情况的检查；建立完善的绿色消费品质量监督制度。二是加快政府节能标准体系建设。湖南要针对具体的消费内容逐步完成以重点家电产品的能耗（或电耗）限额、住房消费的建筑节能标准、日常生活消费中煤气、天然气使用标准，交通性消费的能源使用标准等标准体系的建设。同时，向居民与企业宣贯节能方面的有关标准，监督检查标准实施情况。三是促进企业绿色技术创新。通过创新与运用新的绿色技术，为消费者生产更多物美价廉的绿色消费品。

完善绿色消费政策体系。一是在政府消费方面，要结合湖南实际，制定切实可行的政府办公耗能管理制度，要在各个办公环节上制定科学的监管措施与奖惩制度；加强廉洁政府建设，对政府公款消费要实行透明化、公开化，坚决遏制公款消费中的奢侈浪费行为；建立政府官员投诉制度，加强公众舆论监督力量；继续推进湖南政府节能采购制度。二是在居民消费方面，要针对居民消费生活的具体内容，制定合理的可行的激励政策或约束机制；继续严格执行国家"限塑"令，深入推进国家"节能产品惠民"工程；完善旧货市场管理体制，促进旧货市场的发展；与民政部门结合，建立定期的旧物捐赠活动机制；建立一套有效的垃圾回收管理制度。三是在企业生产方面，政府要出台政策和法规鼓励企业运用与创新绿色技术，如对本身从事绿色消费品生产的企业，要在政策上予以一定

的优惠或扶持，为其产品的推广与发展提供宽松的市场体制环境。

（四）运用经济杠杆推进绿色消费

在绿色消费水平提升过程中，政府可以综合运用财政、金融等手段，发挥税收、价格等经济杠杆作用，从而推动绿色消费的发展。一是利用财税杠杆拉动绿色消费需求。当前，根据城乡居民的不同消费层次，结合市民购置的不同绿色产品给予一定的购物补贴。通过政府联合本土的步步高等超市，对购买绿色产品给予优惠，增加绿色产品上架率，使绿色消费得到宣传。二是利用信贷杠杆扶持绿色消费市场。金融机构应结合绿色消费发展实际，坚持"区别对待、有保有压"的信贷投放原则，积极开拓绿色消费市场。广大银行部门应明确目标市场，对区域综合实力强、现金流量大、经营效益好的绿色客户、绿色项目和绿色产业给予积极的信贷支持，放开准入门槛，重点扶持一批有市场、有效益、有潜力、有信用与管理规范的绿色新兴企业，促进个人信贷业务的绿色健康发展，全力以赴支持绿色经济加快发展。三是利用价格杠杆支持绿色产品开发。第一，大力支持绿色农产品的生产。规定凡是想得到农业补贴的农民必须统一由绿色监测中心进行环境监控，适当拉开绿色农产品和非绿色农产品的差价，引导农民调整种植结构，推广使用优良品种和稻—菜、莲—菜等绿色耕作技术，发展效益型绿色农业。第二，科学制定绿色产品价格。为了缩小绿色产品和非绿色产品的差价，要将"污染者付费"和"环境有偿使用"的现代观念放入产品定价体系，通过对非绿色产品生产企业征收等同或大于绿色产品生产过程中所要支出的生态成本的污染税，引导非绿色产品企业向绿色产品企业转型。

（五）完善绿色消费发展融资模式

作为一项影响因素广、涉及领域多的系统性工程，绿色消费水平的提升需要巨大的资金支撑。当前，发达国家推进绿色消费的主要融资模式是政府专项资金支持、市场融资。结合实际情况，除当前急需设立绿色消费发展基金外，还必须进一步争取相关优惠财政政策支持，进一步争取政府资金支持，进一步争取国际机构融资，进一步争取市场融资，从而逐步完善绿色消费发展融资模式。

一是进一步争取相关优惠财政政策支持。相关的优惠财政政策主要有《中华人民共和国企业所得税法》中的减免所得税政策，规定从事符合条件的环境保护、节能节水项目的所得可免征、减征企业所得税。同时，规定企业购置用于环境保护、节能节水、安全生产等专用设备的投资额可以按一定比例实行税额抵免。此外，财政部、国家发改委联合印发《节能技术改造财政奖励资金管理暂行办法》中的技术奖励政策，采取"以奖代补"方式对燃烧工业锅炉改造、余热余压利用、节约和替代石油、电机系统节能和能量系统优化等项目给予支持和奖励。因此，应充分利用落实这些优惠政策，不断加大对域内从事环境保护、节能节水相关领域企业的支持力度。二是进一步争取政府专项资金支持。目前，国家在生态环境保护、节能减排、循环经济、绿色交通、清洁能源利用等领域设立了许多相关的专项补助资金，以奖励、补贴等方式来支持地方城市开展生态环境保护、节能减排、循环经济发展、高效节能产品推广、绿色交通发展、节能监管体系建设等。首先，中央环境保护专项资金。从重点支持的环境监管能力建设项目、集中饮用水源地污染防治项目、区域环境安全保障项目、建设社会主义新农村小康环保行动项目、污染防治新技术和新工艺推广应用项目、其他六大项目中遴选符合实际情况的项目，按照申报要求和材料，积极申报，努力争取中央环境保护专项资金。其次，可再生能源发展专项资金和可再生能源建筑应用专项资金。要认真对照可再生能源发展专项资金和可再生能源建筑应用专项资金的补助与适用范围、安排原则、扶持重点、申报与审批条件等，结合区域实际情况，发现差距，争取获得这方面的资金支持。最后，其他专项资金。与绿色消费发展相关的国家专项补助资金还有地方清洁生产专项资金、中央财政主要污染物减排专项资金、国家机关办公建筑和大型公共建筑节能专项资金、高效照明产品推广财政补贴资金、秸秆能源化利用补助资金、中央农村环境保护专项资金、节能与新能源汽车示范推广财政补助资金等。这些专项补助资金都有明确的适用范围、严格的申报条件与标准。新时期，要立足区域实际情况，制订明确的工作计划，上下联动，积极争取各专项资金补助。三是进一步争取国际机构和国际组织融资。可以争取的主要国际机构和国际组织融资项目包括：世界银行/全球环境基金会中国节能促进项目、世界银行/全球环境基金中国节能融资项目、世界银行国际金融公司中国节能减排融资项目、亚洲开发银行节能融资项目、世界自然基金会（WWF）中国低碳城市发展项目、中—英低碳城市试点项目、英国战略方案基金"低碳城市试点项目"、瑞士—中国低碳城市示范项目、中—英"低碳经济方法学及低碳经济区发展案例研究"项目等。

三　科学谋划，推动城市绿色发展

（一）强化规划与审批，确保城市的绿色发展方向

要推动进入绿色社会就要推动绿色城镇发展。一是要通过制定绿色城镇发展规划来推动绿色城镇发展。要在统筹考虑发展阶段和能源结构的基础上，明确战略定位，制订出适合省情的绿色城镇建设发展规划，通过政府部门、研究机构、企业以及国际组织多层次、多方位的联合，利用规划的先导性、预见性来引导城市向绿色方向发展。二是要强化审批程序，坚决防止重复建设，防止城市建设拆迁过快甚至出现建了又拆的行为，同时对即将开工的基础设施建设、城市建筑等项目，要严格按照绿色的标准来进行审批，通过审批来限制甚至杜绝高碳城市范围的扩大。三是要完善立法执法程序，要以30年或者更长一段时间以后进入绿色社会为目标，加快相关法律制定的步伐，根据项目的性质，对不符合绿色要求的非重点项目要坚决停止，对重点项目要求进行绿色化改造，争取最大限度地降低高碳项目的比例，推动绿色城镇发展。

（二）强化建设管理，从源头推动城市绿色发展

绿色城镇建设是杜绝高碳项目建成后的"锁住"效应，从根本

上保证城市建设的绿色性。一是要构建节约型的城市建设体系。要扩大奖励范围，坚决杜绝城市建设中低水平重复建设，实施"节能产品惠民工程"，采取间接补贴消费者方式，扩大节能环保产品使用和消费。二是以城市建筑绿色化为核心，推动建筑材料的就地取材、无铅化设计、太阳能和日光利用、电梯的节能、低辐射玻璃、既能蓄热也能散热的天窗的应用，推动城市建筑垃圾的破碎与分选，资源化处理，填埋处理，加强对城市、小区和建筑环境、能源系统方面的管理，以此推动绿色城镇发展。三是从交通结构性、技术性、管理性着手推动城市绿色交通发展。坚持车辆更新"技术先进、低排优选"原则，鼓励引导节能、低排、大容量车辆的使用，推广柴油车、混合动力车替代燃料车，强制淘汰车况较差、尾气排放不达标车辆。同时推行节能管理创新机制，细化节能减排任务，将考核结果直接与运输资源配给、个人奖惩相结合，在公路建设中广泛运用道路新型节能材料，港口建设增加节能减排效果评价，降低能耗水平。

（三）规范管理与监督，推动城市发展向绿色转型

推动绿色城镇发展，要注意对城市发展的管理和监督，一是要采取示范的方式来推动绿色城镇群建设。利用"生态文明"建设的机遇，通过构建绿色城镇群作为示范，然后将绿色推广到全国，通过示范效应来拉动全省绿色城镇的建设。同时要推动绿色城镇制度和文化建设，以完善的制度来保障绿色城镇的有效运转，以文化来维系和促进绿色城镇运行的基本环境。二是要建立考评机制，结合奖惩机制来推动绿色城镇发展。在示范的基础上，通过构建包括"减排指标"、民生领域评价指标等绿色城镇评价指标体系，每年对城镇进行评价、排名，通过评价指标来纵向比较绿色城镇建设的进度，通过横向的比较来分析城镇的发展水平，以此来测算绿色发展状况。在考评的基础上，通过构建一个地区利益协调机制，完善的奖惩机制，利用"大发展大奖，小发展不奖，不发展惩罚"等措施，来推动全省绿色城镇建设。三是要加强监管，要建立全省性的

绿色城镇发展领导小组，通过推动现有相关监管部门之间的对接来消除"高碳建设"监管的真空，构建完整的绿色监管网络，使城市在经济高速发展的前提下，保持能源消耗和二氧化碳排放处于较低的水平。

附件　相关行业政策

附件一　关于促进绿色消费的指导意见

为全面贯彻党的十八大和十八届三中、四中、五中全会精神，深入贯彻习近平总书记系列重要讲话精神，落实绿色发展理念，根据《中共中央国务院关于加快推进生态文明建设的意见》《生态文明体制改革总体方案》《国务院关于积极发挥新消费引领作用　加快培育形成新供给新动力的指导意见》等文件要求，促进绿色消费，加快生态文明建设，推动经济社会绿色发展，提出如下意见。

一　充分认识绿色消费的重要意义

绿色消费，是指以节约资源和保护环境为特征的消费行为，主要表现为崇尚勤俭节约，减少损失浪费，选择高效、环保的产品和服务，降低消费过程中的资源消耗和污染排放。我国人口众多，资源禀赋不足，环境承载力有限。近年来，随着经济较快发展、人民生活水平不断提高，我国已进入消费需求持续增长、消费拉动经济作用明显增强的重要阶段，绿色消费等新型消费具有巨大发展空间和潜力。与此同时，过度消费、奢侈浪费等现象依然存在，绿色的生活方式和消费模式还未形成，加剧了资源环境"瓶颈"约束。促进绿色消费，既是传承中华民族勤俭节约传统美德、弘扬社会主义核心价值观的重要体现，也是顺应消费升级趋势、推动供给侧改革、培育新的经济增长点的重要手段，更是缓解资源环境压力、建设生态文明的现实需要。

二　总体要求和主要目标

全面贯彻党的十八大和十八届三中、四中、五中全会精神，深入贯彻习近平总书记系列重要讲话精神，按照绿色发展理念和社会主义核心价值观要求，加快推动消费向绿色转型。加强宣传教育，在全社会厚植崇尚勤俭节约的社会风尚，大力推动消费理念绿色化；规范消费行为，引导消费者自觉践行绿色消费，打造绿色消费主体；严格市场准入，增加生产和有效供给，推广绿色消费产品；完善政策体系，构建有利于促进绿色消费的长效机制，营造绿色消费环境。到2020年，绿色消费理念成为社会共识，长效机制基本建立，奢侈浪费行为得到有效遏制，绿色产品市场占有率大幅提高，勤俭节约、绿色绿色、文明健康的生活方式和消费模式基本形成。

三　着力培育绿色消费理念

（一）深入开展全民教育。加强资源环境基本国情教育，大力弘扬中华民族勤俭节约传统美德和党的艰苦奋斗优良作风，开展全民绿色消费教育。从娃娃抓起，将勤俭节约、绿色的理念融入家庭教育、学前教育、中小学教育、未成年人思想道德建设教学体系，组织开展第二课堂等社会实践。把绿色消费作为妇女和家庭思想道德教育、学生思想政治教育、职工继续教育和公务员培训的重要内容，纳入文明城市、文明村镇、文明单位、文明家庭、文明校园创建及有关教育示范基地建设要求。

（二）广泛推进主题宣传。深入实施节能减排全民行动、节俭养德全民节约行动，组织开展绿色家庭、绿色商场、绿色景区、绿色饭店、绿色食堂、节约型机关、节约型校园、节约型医院等创建活动，表彰一批先进单位和个人。把绿色消费纳入全国节能宣传周、科普活动周、全国绿色日、环境日等主题宣传活动，充分发挥工会、共青团、妇联以及有关行业协会、环保组织的作用，强化宣传推广。各主要新闻媒体和网络媒体要积极宣传绿色消费的重要性和紧迫性，在黄金时段、重要版面制作发布公益广告，及时宣传报道绿色消费的理念经验和做法，加强舆论监督，曝光奢侈浪费行为，营造良好社会氛围。

四 积极引导居民践行绿色生活方式和消费模式

（三）倡导绿色生活方式。合理控制室内空调温度，推行夏季公务活动着便装。开展旧衣"零抛弃"活动，完善居民社区再生资源回收体系，有序推进二手服装再利用。抵制珍稀动物皮毛制品。推广绿色居住，减少无效照明，减少电器设备待机能耗，提倡家庭节约用水用电。鼓励步行、自行车和公共交通等绿色出行。鼓励消费者旅行自带洗漱用品，提倡重拎布袋子、重提菜篮子、重复使用环保购物袋，减少使用一次性日用品。制定发布绿色旅游消费公约和消费指南。支持发展共享经济，鼓励个人闲置资源有效利用，有序发展网络预约拼车、自有车辆租赁、民宿出租、旧物交换利用等，创新监管方式，完善信用体系。在中小学校试点校服、课本循环利用。

（四）鼓励绿色产品消费。继续推广高效节能电机、节能环保汽车、高效照明产品等节能产品，到 2020 年，能效标识 2 级以上的空调、冰箱、热水器等节能家电市场占有率达到 50% 以上。加大新能源汽车推广力度，加快电动汽车充电基础设施建设。组织实施"以旧换再"试点，推广再制造发动机、变速箱，建立健全对消费者的激励机制。实施绿色建材生产和应用行动计划，推广使用节能门窗、建筑垃圾再生产品等绿色建材和环保装修材料。推广环境标志产品，鼓励使用低挥发性有机物含量的涂料、干洗剂，引导使用低氨、低挥发性有机污染物排放的农药、化肥。鼓励选购节水龙头、节水马桶、节水洗衣机等节水产品。

（五）扩大绿色消费市场。加快畅通绿色产品流通渠道，鼓励建立绿色批发市场、绿色商场、节能超市、节水超市、慈善超市等绿色流通主体。支持市场、商场、超市、旅游商品专卖店等流通企业在显著位置开设绿色产品销售专区。组织流通企业与绿色产品提供商开展对接，促进绿色产品销售。鼓励大中城市利用群众性休闲场所、公益场地开设跳蚤市场，方便居民交换闲置旧物。完善农村消费基础设施和销售网络，通过电商平台提供面向农村地区的绿色产品，丰富产品服务种类，拓展绿色产品农村消费市场。

五　全面推进公共机构带头绿色消费

（六）全面推行绿色办公。提高办公设备和资产使用效率，鼓励纸张双面打印。推进信息系统建设和数据共享共用，积极推行无纸化办公。完善节约型公共机构评价标准，合理制定用水、用电、用油指标，建立健全定额管理制度。使用政府资金建设的公共建筑全面执行绿色建筑标准，凡具备条件的办公区要安装雨水回收系统和中水利用设施。到2020年，新增创建3000家节约型公共机构示范单位，全部省级机关和50%以上的省级事业单位建成节水型单位。

（七）完善绿色采购制度。严格执行政府对节能环保产品的优先采购和强制采购制度，扩大政府绿色采购范围，健全标准体系和执行机制，提高政府绿色采购规模。具备条件的公共机构要利用内部停车场资源规划建设电动汽车专用停车位，比例不低于10%，引进社会资本利用既有停车位参与充电桩建设和提供新能源汽车应用服务。2016年，公共机构配备更新公务用车总量中新能源汽车的比例达到30%以上，到2020年实现新能源汽车广泛应用。

六　大力推动企业增加绿色产品和服务供给

（八）积极实施创新驱动。引导和支持企业利用大众创业、万众创新平台，加大对绿色产品研发、设计和制造的投入，增加绿色产品和服务有效供给，不断提高产品和服务的资源环境效益。做好绿色技术储备，加快先进技术成果转化应用。大力推广利用"互联网＋"促进绿色消费，推动电子商务企业直销或与实体企业合作经营绿色产品和服务，鼓励利用网络销售绿色产品，推动开展二手产品在线交易，满足不同主体多样化的绿色消费需求。鼓励电子商务企业积极开展网购商品包装物减量化和再利用。

（九）强化企业社会责任。健全生产者责任延伸制，推动生产企业减少有毒、有害、难降解、难处理、挥发性强物质的使用，主动披露产品和服务的能效、水效、环境绩效、碳排放等信息，推动实施企业产品标准自我声明公开和监督制度。推动企业能源管理体系建设。鼓励企业推行绿色供应链建设，开展清洁生产审核，降低产品全生命周期的环境影响。鼓励批发市场、大型商业综合体等消费场所进行节能、节水改造。鼓励旅游饭店、景区等推出绿色旅游消费奖励措施。星级宾馆、连锁酒店要逐步减少"六小件"等一次性用品的免费提供，试行按需提供。商场、超市、集贸市场等商品零售场所要严格执行"限塑令"，减少包装物的消耗，鼓励使用生物基材料的环保包装制品。

七 深入开展全社会反对浪费行动

（十）开展反过度包装行动。着力整治以奢华包装为代表的奢靡之风，在端午、中秋、春节等重要节日期间，以粽子、月饼、红酒、茶叶、杂粮、化妆品等商品为重点，开展定期专项检查，加大市场监管和打击力度，严厉整治过度包装行为，坚决制止商家在销售奢华包装产品中存在的价格欺诈、不按规定明码标价等违法行为。加强限制商品过度包装标准制修订工作，明确包装空隙率、包装层数和包装成本等方面要求。

（十一）开展反食品浪费行动。贯彻落实关于厉行节约反对食品浪费的意见，杜绝公务活动用餐浪费，在政府机关和国有企事业单位食堂实行健康科学营养配餐，条件具备的地方推进自助点餐计量收费，减少餐厨垃圾产生量。餐饮企业应提示顾客适当点餐，鼓励餐后打包，合理设定自助餐浪费收费标准。倡导婚丧嫁娶等红白喜事从简操办，推行科学文明的餐饮消费模式，提倡家庭按实际需要采购加工食品，争做"光盘族"。加强粮食生产、收购、储存、运输、加工、消费等环节管理，减少粮食损失浪费。

（十二）开展反过度消费行动。严格执行党政机关厉行节约反对浪费条例，严禁超标准配车、超标准接待和高消费娱乐等行为，细化明确各类公务活动标准，严禁浪费。以各级党政机关及党员领导干部为带动，坚决抵制生活奢靡、贪图享乐等不正之风，大力破除讲排场、比阔气等陋习，抵制过度消费，改变"自己掏钱、丰俭由我"的错误观念，形成"节约光荣，浪费可耻"的社会氛围。

八　建立健全绿色消费长效机制

（十三）健全法律法规。抓紧修订节能法、循环经济促进法等法律，研究制定节约用水条例、餐厨废弃物管理与资源化利用条例、限制商品过度包装条例、报废机动车回收管理办法、强制回收产品和包装物管理办法等专项法规，增加绿色消费有关要求，明确生产企业、零售企业、消费者、政府机构等主体应依法履行的责任义务。

（十四）完善标准体系。健全绿色产品和服务的标准体系，扩大标准覆盖范围，加快制修订产品生产过程的能耗、水耗、物耗以及终端产品的能效、水效等标准，动态调整并不断提高产品的资源环境准入门槛，做好计量检测、应用评价、对标提升等工作。加快实施能效"领跑者"制度、环保"领跑者"制度，研究建立水效"领跑者"制度。

（十五）健全标识认证体系。修订能效标识管理办法，扩大能效标识范围。落实节能绿色产品认证管理办法，做好认证目录发布和认证结果采信等工作，加快推行绿色、有机产品认证。推进中国环境标志认证。完善绿色建筑和绿色建材标识制度。制修订绿色市场、绿色宾馆、绿色饭店、绿色旅游等绿色服务评价办法。逐步将目前分头设立的环保、节能、节水、循环、绿色、再生、有机等产品统一整合为绿色产品，建立统一的绿色产品认证、标识等体系，加强绿色产品质量监管。

（十六）完善经济政策。对符合条件的节能、节水、环保、资源综合利用项目或产品，可以按规定享受相关税收优惠。把高耗能、高污染产品及部分高档消费品纳入消费税征收范围。落实好新能源汽车充电设施的奖补政策和电动汽车用电价格政策。全面实行保基本、促节约，更好反映市场供求、资源稀缺程度、生态环境损害成本和修复效益的资源阶梯价格政策，完善居民用电、用水、用气阶梯价格。

（十七）加强金融扶持。银行金融业机构要认真落实绿色信贷指引，创新金融产品和服务，积极开展绿色消费信贷业务。研究出台支持节能与新能源汽车、绿色建筑、新能源与可再生能源产品、设施等绿色消费信贷的激励政策，促进金融机构加大信贷支持力度。鼓励开发新能源汽车保险产品，鼓励保险公司为绿色建筑提供保险保障。研究建立绿色消费积分制。

附件二　国务院关于深入推进新型城镇化建设的若干意见

国发〔2016〕8号

各省、自治区、直辖市人民政府，国务院各部委、各直属机构：

新型城镇化是现代化的必由之路，是最大的内需潜力所在，是经济发展的重要动力，也是一项重要的民生工程。《国家新型城镇化规划（2014—2020年）》发布实施以来，各地区、各部门抓紧行动、改革探索，新型城镇化各项工作取得了积极进展，但仍然存在农业转移人口市民化进展缓慢、城镇化质量不高、对扩大内需的主动力作用没有得到充分发挥等问题。为总结推广各地区行之有效的经验，深入推进新型城镇化建设，现提出如下意见。

一　总体要求

全面贯彻党的十八大和十八届二中、三中、四中、五中全会以及中央经济工作会议、中央城镇化工作会议、中央城市工作会议、中央扶贫开发工作会议、中央农村工作会议精神，按照"五位一体"总体布局和"四个全面"战略布局，牢固树立创新、协调、绿色、开放、共享的发展理念，坚持走以人为本、四化同步、优化布局、生态文明、文化传承的中国特色新型城镇化道路，以人的城镇化为核心，以提高质量为关键，以体制机制改革为动力，紧紧围绕新型城镇化目标任务，加快推进户籍制度改革，提升城市综合承载能力，制定完善土地、财政、投融资等配套政策，充分释放新型城镇化蕴藏的巨大内需潜力，为经济持续健康发展提供持久强劲动力。

坚持点面结合、统筹推进。统筹规划、总体布局，促进大中小城市和小城镇协调发展，着力解决好"三个一亿人"城镇化问题，全面提高城镇化质量。充分发挥国家新型城镇化综合试点作用，及时总结提炼可复制经验，带动全国新型城镇化体制机制创新。

坚持纵横联动、协同推进。加强部门间政策制定和实施的协调配合，推动户籍、土地、财政、住房等相关政策和改革举措形成合力。加强部门与地方政策联动，推动地方加快出台一批配套政策，确保改革举措和政策落地生根。

坚持补齐短板、重点突破。加快实施"一融双新"工程，以促进农民工融入城镇为核心，以加快新生中小城市培育发展和新型城市建设为重点，瞄准短板，加快突破，优化政策组合，弥补供需缺口，促进新型城镇化健康有序发展。

二　积极推进农业转移人口市民化

（一）加快落实户籍制度改革政策。围绕加快提高户籍人口城镇化率，深化户籍制度改革，促进有能力在城镇稳定就业和生活的农业转移人口举家进城落户，并与城镇居民享有同等权利、履行同等义务。鼓励各地区进一步放宽落户条件，除极少数超大城市外，允许农业转移人口在就业地落户，优先解决农村学生升学和参军进入城镇的人口、在城镇就业居住 5 年以上和举家迁徙的农业转移人口以及新生代农民工落户问题，全面放开对高校毕业生、技术工人、职业院校毕业生、留学归国人员的落户限制，加快制定公开透明的落户标准和切实可行的落户目标。除超大城市和特大城市外，其他城市不得采取要求购买房屋、投资纳税、积分制等方式设置落户限制。加快调整完善超大城市和特大城市落户政策，根据城市综合承载能力和功能定位，区分主城区、郊区、新区等区域，分类制定落户政策；以具有合法稳定就业和合法稳定住所（含租赁）、参加城镇社会保险年限、连续居住年限等为主要指标，建立完善积分落户制度，重点解决符合条件的普通劳动者的落户问题。加快制定实施推动1亿非户籍人口在城市落户方案，强化地方政府主体责任，确保如期完成。

（二）全面实行居住证制度。推进居住证制度覆盖全部未落户城镇常住人口，保障居住证持有人在居住地享有义务教育、基本公共就业服务、基本公共卫生服务和计划生育服务、公共文化体育服务、法律援助和法律服务以及国家规定的其他基本公共服务；同时，在居住地享有按照国家有关规定办理出入境证件、换领补领居民身份证、机动车登记、申领机动车驾驶证、报名参加职业资格考试和申请授予职业资格以及其他便利。鼓励地方各级人民政府根据本地承载能力不断扩大对居住证持有人的公共服务范围并提高服务标准，缩小与户籍人口基本公共服务的差距。推动居住证持有人享有与当地户籍人口同等的住房保障权利，将符合条件的农业转移人口纳入当地住房保障范围。各城市要根据《居住证暂行条例》，加快制定实施具体管理办法，防止居住证与基本公共服务脱钩。

（三）推进城镇基本公共服务常住人口全覆盖。保障农民工随迁子女以流入地公办学校为主接受义务教育，以公办幼儿园和普惠性民办幼儿园为主接受学前教育。实施义务教育"两免一补"和生均公用经费基准定额资金随学生流动可携带政策，统筹人口流入地与流出地教师编制。组织实施农民工职业技能提升计划，每年培训2000万人次以上。允许在农村参加的养老保险和医疗保险规范接入城镇社保体系，加快建立基本医疗保险异地就医医疗费用结算制度。

（四）加快建立农业转移人口市民化激励机制。切实维护进城落户农民在农村的合法权益。实施财政转移支付同农业转移人口市民化挂钩政策，实施城镇建设用地增加规模与吸纳农业转移人口落户数量挂钩政策，中央预算内投资安排向吸纳农业转移人口落户数量较多的城镇倾斜。各省级人民政府要出台相应配套政策，加快推进农业转移人口市民化进程。

三　全面提升城市功能

（五）加快城镇棚户区、城中村和危房改造。围绕实现约1亿人居住的城镇棚户区、城中村和危房改造目标，实施棚户区改造行动计划和城镇旧房改造工程，推动棚户区改造与名城保护、城市更新相结合，加快推进城市棚户区和城中村改造，有序推进旧住宅小区综合整治、危旧住房和非成套住房（包括无上下水、北方地区无供热设施等的住房）改造，将棚户区改造政策支持范围扩大到全国重点镇。加强棚户区改造工程质量监督，严格实施质量责任终身追究制度。

（六）加快城市综合交通网络建设。优化街区路网结构，建设快速路、主次干路和支路级配合理的路网系统，提升城市道路网络密度，优先发展公共交通。大城市要统筹公共汽车、轻轨、地铁等协同发展，推进城市轨道交通系统和自行车等慢行交通系统建设，在有条件的地区规划建设市郊铁路，提高道路的通达性。畅通进出城市通道，加快换乘枢纽、停车场等设施建设，推进充电站、充电桩等新能源汽车充电设施建设，将其纳入城市旧城改造和新城建设规划同步实施。

（七）实施城市地下管网改造工程。统筹城市地上地下设施规划建设，加强城市地下基础设施建设和改造，合理布局电力、通信、广电、给排水、热力、燃气等地下管网，加快实施既有路面城市电网、通信网络架空线入地工程。推动城市新区、各类园区、成片开发区的新建道路同步建设地下综合管廊，老城区要结合地铁建设、河道治理、道路整治、旧城更新、棚户区改造等逐步推进地下综合管廊建设，鼓励社会资本投资运营地下综合管廊。加快城市易涝点改造，推进雨污分流管网改造与排水和防洪排涝设施建设。加强供水管网改造，降低供水管网漏损率。

（八）推进海绵城市建设。在城市新区、各类园区、成片开发区全面推进海绵城市建设。在老城区结合棚户区、危房改造和老旧小区有机更新，妥善解决城市防洪安全、雨水收集利用、黑臭水体治理等问题。加强海绵型建筑与小区、海绵型道路与广场、海绵型公园与绿地、绿色蓄排与净化利用设施等建设。加强自然水系保护与生态修复，切实保护良好水体和饮用水水源。

（九）推动新型城市建设。坚持适用、经济、绿色、美观方针，提升规划水平，增强城市规划的科学性和权威性，促进"多规合一"，全面开展城市设计，加快建设绿色城市、智慧城市、人文城市等新型城市，全面提升城市内在品质。实施"宽带中国"战略和"互联网＋"城市计划，加速光纤入户，促进宽带网络提速降费，发展智能交通、智能电网、智能水务、智能管网、智能园区。推动分布式太阳能、风能、生物质能、地热能多元化规模化应用和工业余热供暖，推进既有建筑供热计量和节能改造，对大型公共建筑和政府投资的各类建筑全面执行绿色建筑标准和认证，积极推广应用绿色新型建材、装配式建筑和钢结构建筑。加强垃圾处理设施建设，基本建立建筑垃圾、餐厨废弃物、园林废弃物等回收和再生利用体系，建设循环型城市。划定永久基本农田、生态保护红线和城市开发边界，实施城市生态廊道建设和生态系统修复工程。制定实施城市空气质量达标时间表，努力提高优良天数比例，大幅减少重污染天数。落实最严格水资源管理制度，推广节水新技术和新工艺，积极推进中水回用，全面建设节水型城市。促进国家级新区健康发展，推动符合条件的开发区向城市功能区转型，引导工业集聚区规范发展。

（十）提升城市公共服务水平。根据城镇常住人口增长趋势，加大财政对接收农民工随迁子女较多的城镇中小学校、幼儿园建设的投入力度，吸引企业和社会力量投资建学办学，增加中小学校和幼儿园学位供给。统筹新老城区公共服务资源均衡配置。加强医疗卫生机构、文化设施、体育健身场所设施、公园绿地等公共服务设施以及社区服务综合信息平台规划建设。优化社区生活设施布局，打造包括物流配送、便民超市、银行网点、零售药店、家庭服务中心等在内的便捷生活服务圈。建设以居家为基础、社区为依托、机构为补充的多层次养老服务体系，推动生活照料、康复护理、精神慰藉、紧急援助等服务全覆盖。加快推进住宅、公共建筑等的适老化改造。加强城镇公用设施使用安全管理，健全城市抗震、防洪、排涝、消防、应对地质灾害应急指挥体系，完善城市生命通道系统，加强城市防灾避难场所建设，增强抵御自然灾害、处置突发事件和危机管理能力。

四 加快培育中小城市和特色小城镇

（十一）提升县城和重点镇基础设施水平。加强县城和重点镇公共供水、道路交通、燃气供热、信息网络、分布式能源等市政设施和教育、医疗、文化等公共服务设施建设。推进城镇生活污水垃圾处理设施全覆盖和稳定运行，提高县城垃圾资源化、无害化处理能力，加快重点镇垃圾收集和转运设施建设，利用水泥窑协同处理生活垃圾及污泥。推进北方县城和重点镇集中供热全覆盖。加大对中西部地区发展潜力大、吸纳人口多的县城和重点镇的支持力度。

（十二）加快拓展特大镇功能。开展特大镇功能设置试点，以下放事权、扩大财权、改革人事权及强化用地指标保障等为重点，赋予镇区人口 10 万以上的特大镇部分县级管理权限，允许其按照相同人口规模城市市政设施标准进行建设发展。同步推进特大镇行政管理体制改革和设市模式创新改革试点，减少行政管理层级、推行大部门制，降低行政成本、提高行政效率。

（十三）加快特色镇发展。因地制宜、突出特色、创新机制，充分发挥市场主体作用，推动小城镇发展与疏解大城市中心城区功能相结合、与特色产业发展相结合、与服务"三农"相结合。发展具有特色优势的休闲旅游、商贸物流、信息产业、先进制造、民俗文化传承、科技教育等魅力小镇，带动农业现代化和农民就近城镇化。提升边境口岸城镇功能，在人员往来、加工物流、旅游等方面实行差别化政策，提高投资贸易便利化水平和人流物流便利化程度。

（十四）培育发展一批中小城市。完善设市标准和市辖区设置标准，规范审核审批程序，加快启动相关工作，将具备条件的县和特大镇有序设置为市。适当放宽中西部地区中小城市设置标准，加强产业和公共资源布局引导，适度增加中西部地区中小城市数量。

（十五）加快城市群建设。编制实施一批城市群发展规划，优化提升京津冀、长三角、珠三角三大城市群，推动形成东北地区、中原地区、长江中游、成渝地区、关中平原等城市群。推进城市群基础设施一体化建设，构建核心城市1小时通勤圈，完善城市群之间快速高效互联互通交通网络，建设以高速铁路、城际铁路、高速公路为骨干的城市群内部交通网络，统筹规划建设高速联通、服务便捷的信息网络，统筹推进重大能源基础设施和能源市场一体化建设，共同建设安全可靠的水利和供水系统。做好城镇发展规划与安全生产规划的统筹衔接。

五 辐射带动新农村建设

（十六）推动基础设施和公共服务向农村延伸。推动水电路等基础设施城乡联网。推进城乡配电网建设改造，加快信息进村入户，尽快实现行政村通硬化路、通班车、通邮、通快递，推动有条件地区燃气向农村覆盖。开展农村人居环境整治行动，加强农村垃圾和污水收集处理设施以及防洪排涝设施建设，强化河湖水系整治，加大对传统村落民居和历史文化名村名镇的保护力度，建设美丽宜居乡村。加快农村教育、医疗卫生、文化等事业发展，推进城乡基本公共服务均等化。深化农村社区建设试点。

（十七）带动农村第一、第二、第三产业融合发展。以县级行政区为基础，以建制镇为支点，搭建多层次、宽领域、广覆盖的农村第一、第二、第三产业融合发展服务平台，完善利益联结机制，促进农业产业链延伸，推进农业与旅游、教育、文化、健康养老等产业深度融合，大力发展农业新型业态。强化农民合作社和家庭农场基础作用，支持龙头企业引领示范，鼓励社会资本投入，培育多元化农业产业融合主体。推动返乡创业集聚发展。

（十八）带动农村电子商务发展。加快农村宽带网络和快递网络建设，加快农村电子商务发展和"快递下乡"。支持适应乡村特点的电子商务服务平台、商品集散平台和物流中心建设，鼓励电子商务第三方交易平台渠道下沉，带动农村特色产业发展，推进农产品进城、农业生产资料下乡。完善有利于中小网商发展的政策措施，在风险可控、商业可持续的前提下支持发展面向中小网商的融资贷款业务。

（十九）推进易地扶贫搬迁与新型城镇化结合。坚持尊重群众意愿，注重因地制宜，搞好科学规划，在县城、小城镇或工业园区附近建设移民集中安置区，推进转移就业贫困人口在城镇落户。坚持加大中央财政支持和多渠道筹集资金相结合，坚持搬迁和发展两手抓，妥善解决搬迁群众的居住、看病、上学等问题，统筹谋划安置区产业发展与群众就业创业，确保搬迁群众生活有改善、发展有前景。

六　完善土地利用机制

（二十）规范推进城乡建设用地增减挂钩。总结完善并推广有关经验模式，全面实行城镇建设用地增加与农村建设用地减少相挂钩的政策。高标准、高质量推进村庄整治，在规范管理、规范操作、规范运行的基础上，扩大城乡建设用地增减挂钩规模和范围。运用现代信息技术手段加强土地利用变更情况监测监管。

（二十一）建立城镇低效用地再开发激励机制。允许存量土地使用权人在不违反法律法规、符合相关规划的前提下，按照有关规定经批准后对土地进行再开发。完善城镇存量土地再开发过程中的供应方式，鼓励原土地使用权人自行改造，涉及原划拨土地使用权转让需补办出让手续的，经依法批准，可采取规定方式办理并按市场价缴纳土地出让价款。在国家、改造者、土地权利人之间合理分配"三旧"（旧城镇、旧厂房、旧村庄）改造的土地收益。

（二十二）因地制宜推进低丘缓坡地开发。在坚持最严格的耕地保护制度、确保生态安全、切实做好地质灾害防治的前提下，在资源环境承载力适宜地区开展低丘缓坡地开发试点。通过创新规划计划方式、开展整体整治、土地分批供应等政策措施，合理确定低丘缓坡地开发用途、规模、布局和项目用地准入门槛。

（二十三）完善土地经营权和宅基地使用权流转机制。加快推进农村土地确权登记颁证工作，鼓励地方建立健全农村产权流转市场体系，探索农户对土地承包权、宅基地使用权、集体收益分配权的自愿有偿退出机制，支持引导其依法自愿有偿转让上述权益，提高资源利用效率，防止闲置和浪费。深入推进农村土地征收、集体经营性建设用地入市、宅基地制度改革试点，稳步开展农村承包土地的经营权和农民住房财产权抵押贷款试点。

七　创新投融资机制

（二十四）深化政府和社会资本合作。进一步放宽准入条件，健全价格调整机制和政府补贴、监管机制，广泛吸引社会资本参与城市基础设施和市政公用设施建设和运营。根据经营性、准经营性和非经营性项目不同特点，采取更具针对性的政府和社会资本合作模式，加快城市基础设施和公共服务设施建设。

（二十五）加大政府投入力度。优化政府投资结构，安排专项资金重点支持农业转移人口市民化相关配套设施建设。编制公开透明的政府资产负债表，允许有条件的地区通过发行地方政府债券等多种方式拓宽城市建设融资渠道。省级政府举债使用方向要向新型城镇化倾斜。

（二十六）强化金融支持。专项建设基金要扩大支持新型城镇化建设的覆盖面，安排专门资金定向支持城市基础设施和公共服务设施建设、特色小城镇功能提升等。鼓励开发银行、农业发展银行创新信贷模式和产品，针对新型城镇化项目设计差别化融资模式与偿债机制。鼓励商业银行开发面向新型城镇化的金融服务和产品。鼓励公共基金、保险资金等参与具有稳定收益的城市基础设施项目建设和运营。鼓励地方利用财政资金和社会资金设立城镇化发展基金，鼓励地方整合政府投资平台设立城镇化投资平台。支持城市政府推行基础设施和租赁房资产证券化，提高城市基础设施项目直接融资比重。

八　完善城镇住房制度

（二十七）建立购租并举的城镇住房制度。以满足新市民的住房需求为主要出发点，建立购房与租房并举、市场配置与政府保障相结合的住房制度，健全以市场为主满足多层次需求、以政府为主提供基本保障的住房供应体系。对具备购房能力的常住人口，支持其购买商品住房。对不具备购房能力或没有购房意愿的常住人口，支持其通过住房租赁市场租房居住。对符合条件的低收入住房困难家庭，通过提供公共租赁住房或发放租赁补贴保障其基本住房需求。

（二十八）完善城镇住房保障体系。住房保障采取实物与租赁补贴相结合并逐步转向租赁补贴为主。加快推广租赁补贴制度，采取市场提供房源、政府发放补贴的方式，支持符合条件的农业转移人口通过住房租赁市场租房居住。归并实物住房保障种类。完善住房保障申请、审核、公示、轮候、复核制度，严格保障性住房分配和使用管理，健全退出机制，确保住房保障体系公平、公正和健康运行。

（二十九）加快发展专业化住房租赁市场。通过实施土地、规划、金融、税收等相关支持政策，培育专业化市场主体，引导企业投资购房用于租赁经营，支持房地产企业调整资产配置持有住房用于租赁经营，引导住房租赁企业和房地产开发企业经营新建租赁住房。支持专业企业、物业服务企业等通过租赁或购买社会闲置住房开展租赁经营，落实鼓励居民出租住房的税收优惠政策，激活存量住房租赁市场。鼓励商业银行开发适合住房租赁业务发展需要的信贷产品，在风险可控、商业可持续的原则下，对购买商品住房开展租赁业务的企业提供购房信贷支持。

（三十）健全房地产市场调控机制。调整完善差别化住房信贷政策，发展个人住房贷款保险业务，提高对农民工等中低收入群体的住房金融服务水平。完善住房用地供应制度，优化住房供应结构。加强商品房预售管理，推行商品房买卖合同在线签订和备案制度，完善商品房交易资金监管机制。进一步提高城镇棚户区改造以及其他房屋征收项目货币化安置比例。鼓励引导农民在中小城市就近购房。

九 加快推进新型城镇化综合试点

（三十一）深化试点内容。在建立农业转移人口市民化成本分担机制、建立多元化可持续城镇化投融资机制、改革完善农村宅基地制度、建立创新行政管理和降低行政成本的设市设区模式等方面加大探索力度，实现重点突破。鼓励试点地区有序建立进城落户农民农村土地承包权、宅基地使用权、集体收益分配权依法自愿有偿退出机制。有可能突破现行法规和政策的改革探索，在履行必要程序后，赋予试点地区相应权限。

（三十二）扩大试点范围。按照向中西部和东北地区倾斜、向中小城市和小城镇倾斜的原则，组织开展第二批国家新型城镇化综合试点。有关部门在组织开展城镇化相关领域的试点时，要向国家新型城镇化综合试点地区倾斜，以形成改革合力。

（三十三）加大支持力度。地方各级人民政府要营造宽松包容环境，支持试点地区发挥首创精神，推动顶层设计与基层探索良性互动、有机结合。国务院有关部门和省级人民政府要强化对试点地区的指导和支持，推动相关改革举措在试点地区先行先试，及时总结推广试点经验。各试点地区要制定实施年度推进计划，明确年度任务，建立健全试点绩效考核评价机制。

十 健全新型城镇化工作推进机制

（三十四）强化政策协调。国家发展改革委要依托推进新型城镇化工作部际联席会议制度，加强政策统筹协调，推动相关政策尽快出台实施，强化对地方新型城镇化工作的指导。各地区要进一步完善城镇化工作机制，各级发展改革部门要统筹推进本地区新型城镇化工作，其他部门要积极主动配合，共同推动新型城镇化取得更大成效。

（三十五）加强监督检查。有关部门要对各地区新型城镇化建设进展情况进行跟踪监测和监督检查，对相关配套政策实施效果进行跟踪分析和总结评估，确保政策举措落地生根。

（三十六）强化宣传引导。各地区、各部门要广泛宣传推进新型城镇化的新理念、新政策、新举措，及时报道典型经验和做法，强化示范效应，凝聚社会共识，为推进新型城镇化营造良好的社会环境和舆论氛围。

参考文献

一 著作类

[1] 季松：《消费文化视野下的城市发展新图景》，东南大学出版社2012年版。

[2] 包亚明：《后现代性与地理学的政治》，上海教育出版社2001年版。

[3] 薛求知、黄佩燕、鲁直、张晓蓉：《行为经济学——理论与应用》，复旦大学出版社2003年版。

[4] 包亚明：《现代性与空间生产》，上海教育出版社2003年版。

[5] 吕玉印：《城市发展的经济学分析》，上海三联书店2000年版。

[6] 阿德莱德：《城市经济学》，中国社会科学出版社1990年版。

[7] 邱国洪：《城市经济学》，东北财经大学出版社1991年版。

[8] 多兰茨：《城市经济学》，中国建筑工业出版社1987年版。

[9] 诺斯：《经济史上的结构和变革》，商务印书馆1999年版。

[10] 席勒：《经济空间秩序》，商务印书馆1939年版。

[11] 郝寿义、安虎森：《区域经济学》，经济科学出版社1999年版。

[12] 本·阿格尔：《西方马克思主义概论》，中国人民大学出版社1991年版。

[13] 曹旭：《中国发展循环经济模式研究》，辽宁人民出版社2011年版。

[14] 曹旭、韩越、张婧：《中国发展循环经济的区域效果研究》，辽宁人民出版社2013年版。

［15］顾钰民：《马克思主义制度经济学——理论体系比较研究·应用分析》，复旦大学出版社 2005 年版。

［16］詹姆斯·奥康纳：《自然的理由——生态学马克思主义研究》，南京大学出版社 2003 年版。

［17］蕾切尔·卡逊：《寂静的春天》，北京理工大学出版社 2014 年版。

［18］厉以宁：《中国的环境与可持续发展》，经济科学出版社 2004 年版。

［19］［美］莱斯特·R. 布朗：《崩溃边缘的世界——如何拯救我们的生态和经济环境》，上海科技教育出版社 2011 年版。

［20］马克思、恩格斯：《马克思恩格斯选集》第 4 卷，人民出版社 1995 年版。

［21］马克思：《资本论》第 1 卷，人民出版社 2004 年版。

［22］马克思、恩格斯：《马克思恩格斯全集》第 2 卷，人民出版社 1957 年版。

［23］马克思、恩格斯：《马克思恩格斯全集》第 20 卷，人民出版社 1971 年版。

［24］萨拉·萨卡：《生态社会主义还是生态资本主义》，山东大学出版社 2008 年版。

［25］唐绪军：《报业经济与报业经营》，新华出版社 1999 年版。

［26］费孝通：《中国城镇化道路》，内蒙古人民出版社 2010 年版。

［27］约翰·贝拉米·福斯特：《马克思的生态学——唯物主义与自然》，高等教育出版社 2006 年版。

［28］约翰·贝拉米·福斯特：《生态危机与资本主义》，世纪出版股份有限公司、译文出版社 2006 年版。

［29］［日］岩佐茂：《环境的思想》，中央编译出版社 1997 年版。

［30］［法］让·克洛德·乐伟：《循环经济：迫在眉睫的生态问题》，上海科技教育出版社 2012 年版。

［31］周宏春、刘燕华等：《循环经济学》，中国发展出版社 2005

年版。

[32] 高清海：《高清海哲学文存》，吉林人民出版社 1997 年版。

[33] 刘传江、郑凌云等：《城镇化与城乡可持续发展》，科学出版社 2003 年版。

[34] 潘家华、魏后凯：《城市蓝皮书：中国城市发展报告》，社会科学文献出版社 2015 年版。

[35] 宋俊岭、黄序：《中国城镇化知识 15 讲》，中国城市出版社 2001 年版。

[36] 尚娟：《中国特色城镇化道路》，科学出版社 2013 年版。

[37] 王梦奎、冯并、谢伏瞻：《中国特色城镇化道路》，中国发展出版社 2004 年版。

[38] 王雅林：《人类生活方式的前景》，中国社会科学出版社 1997 年版。

[39] 魏后凯：《中国城镇化——和谐与繁荣之路》，社会科学文献出版社 2014 年版。

二　文章类

[1] 晏群：《小城镇概念辨析》，《规划师》2010 年第 8 期。

[2] 徐光平：《"十二五"时期协调推进新型城镇化与新农村建设研究》，《东岳论丛》2011 年第 8 期。

[3] 黄亚平、汪进：《论小城镇特色的塑造城市问题》，《城市问题》2006 年第 3 期。

[4] 薛艳杰：《深度城镇内涵特征及实现路径思考》，《城市发展战略》2012 年第 11 期。

[5] 田洪刚：《农村城市化进程中小城镇建设问题探讨》，《重庆工学院学报》（社会科学版）2007 年第 6 期。

[6] 刘伟、苏剑：《"新常态"下的中国宏观调控》，《经济科学》2014 年第 4 期。

[7] 田莉：《从国际经验看城市土地增值收益管理》，《国外城市规划》2004 年第 6 期。

［8］ 孙立平：《中国进入利益博弈时代》，《经济研究参考》2007 年第 7 期。

［9］ 张京祥、胡毅：《基于社会空间正义的转型期中国城市更新批判》，《规划师》2012 年第 12 期。

［10］ 冯晓英：《北京重点村城市化建设的实践与反思》，《北京社会科学》2013 年第 6 期。

［11］ 陈晶、张磊：《城乡结合部农村居民点演变机制与案例分析——制度主义视角的研究》，《城市发展研究》2014 年第 9 期。

［12］ 叶裕民：《中国统筹城乡发展的系统架构与实施路径》，《城市规划学刊》2013 年第 1 期。

［13］ 张磊、叶裕民、王海龙：《规划协同及其对复杂城市系统的影响——以北京市海淀区城乡结合部为例》，《规划师》2013 年第 12 期。

［14］ 沈清基：《论基于生态文明的新型城镇化》，《城市规划学刊》2013 年第 1 期。

［15］ 庞昌伟、龚昌菊：《中西生态伦理思想与中国生态文明建设》，《新疆师范大学学报》（哲学社会科学版）2015 年第 3 期。

［16］ 邓文钱：《哲学视域中的中国新型城镇化道路》，博士学位论文，中共中央党校，2014 年。

［17］ 范晓峰：《新型城镇化建设的伦理指向探究》，《伦理学研究》2013 年第 6 期。

［18］ 邵光学：《新型城镇化背景下生态文明建设探析》，《宁夏社会科学》2014 年第 9 期。

［19］ 李冠辰、高兴武：《生态文明视角下的新型城镇化的几个相关问题》，《山东社会科学》2014 年第 5 期。

［20］ 刘志飞：《生态消费伦理与生态文明建设》，《生态文明》2010 年第 3 期。

［21］ 刘忠超：《生态消费：生态文明建设融入经济建设的新视角》，

《绿色科技》2014 年第 2 期。

[22] 叶彩虹、吴学兵：《生态文明制度视域中的政府生态问责制探析》，《长春理工大学学报》（社会科学版）2014 年第 10 期。

[23] 吕计跃、贾后明：《生态文明——中国新型城镇化的历史考量》，《社会科学家》2014 年第 3 期。

[24] 周跃辉、全津：《生态文明：我国新型城镇化建设的内在要求》，《中共贵州省委党校学报》2014 年第 2 期。

[25] 林红梅：《生态伦理学的内涵与特征——当代西方伦理思潮研究》，《南京林业大学学报》（人文社会科学版）2011 年第 2 期。

[26] 杨新欣：《生态伦理视角下低碳城市发展路径研究》，《广西社会主义学院院报》2011 年第 2 期。

[27] 周国文、李霜霜：《生态城市建设的环境伦理支撑》，《南京林业大学学报》（人文社会科学版）2013 年第 2 期。

[28] 徐选国、杨君：《人本视角下的新型城镇化建设：本质、特征及其可能路径》，《南京农业大学学报》（社会科学版）2014 年第 2 期。

[29] 荣宏庆：《论我国新型城镇化建设与生态环境保护》，《现代经济探讨》2013 年第 8 期。

[30] 高红贵：《关于生态文明建设的几点思考》，《中国地质大学学报》（社会科学版）2013 年第 5 期。

[31] 朱坦、高帅：《新常态下推进生态文明制度体系建设的几点探讨》，《环境保护》2015 年第 1 期。

[32] 谢丽威：《我国当前阶段城镇化与生态文明融合发展问题探析》，《四川行政学院学报》2014 年第 2 期。

[33] 高红贵、汪成：《论建设生态文明的生态经济制度建设》，《生态经济》2014 年第 8 期。

[34] 王亚男、冯奎、郑明媚：《中国城镇化未来发展趋势——2012年中国城镇化高层国际论坛会议综述》，《城市发展研究》

2012 年第 6 期。

[35] 胡际权：《中国新型城镇化发展研究》，博士学位论文，西南农业大学，2005 年。

[36] 常益飞：《新型城镇化发展道路研究——以甘肃为例》，硕士学位论文，兰州大学，2010 年。

[37] 吴江：《重庆新型城镇化推进路径研究》，博士学位论文，西南大学，2010 年。

[38] 蒋晓岚、程必定：《我国新型城镇化发展阶段性特征与发展趋势研究》，《区域经济评论》2013 年第 2 期。

[39] 王妍：《论环境伦理价值意义的哲学指向》，《北方论丛》2010 年第 2 期。

[40] 叶平：《深化生态文明体制改革的时代特点及理论前提》，《环境保护》2010 年第 Z1 期。

[41] 李楠：《以人为本的中国新型城镇化建设研究》，《改革与战略》2013 年第 8 期。

[42] 刘桂环、张彦敏、谢婧、文一惠：《生物多样性保护与绿色经济关系辨析及对策探讨》，《环境保护》2015 年第 5 期。

[43] 黄巧云、田雪：《生态文明建设背景下的农村环境问题及对策》，《华中农业大学学报》（社会科学版）2014 年第 1 期。

[44] 刘思华：《关于可持续发展与可持续发展经济的几个问题》，《当代财经》1997 年第 6 期。

[45] 陈利群、王亮：《北方典型缺水大城市供水系统演变研究》，《给水排水》2012 年第 12 期。

[46] 方创琳：《中国快速城市化过程中的资源环境保障问题与对策建议》，《中国科学院院刊》2009 年第 9 期。

[47] 王小茵：《关于"以人为本"的新型城镇化问题的三点思考》，《科技视界》2014 年第 6 期。

[48] 姜树萍、赵宇燕、苗建峰、陈芋羽：《高校生态文明教育路径探索》，《教育与科学研究》2011 年第 4 期。

［49］廖金香：《高校生态文明教育的时代诉求与路径选择》，《高教探索》2013 年第 4 期。

［50］屠凤娜：《城市生态基础设施建设存在的问题及对策》，《生态文明建设》2013 年第 3 期。

［51］曾群华、徐长乐：《新型城镇化的研究综述》，《中国名城》2014 年第 6 期。

［52］王芳：《以全面生态化转型推进新型城镇化》，《环境保护》2013 年第 12 期。

［53］王琦：《新型城镇化建设中的生态伦理构建》，《湖南城市学院学报》2013 年第 3 期。

［54］王占益：《推动新型城镇化与生态文明建设融合发展》，《辽宁行政学院学报》2014 年第 11 期。

［55］李玉明、陈建平：《人的城镇化：我国城镇化转型发展的新思路》，《常州大学学报》（社会科学版）2014 年第 1 期。

［56］包双叶：《论新型城镇化与生态文明建设的协同发展》，《求实》2014 年第 8 期。

［57］王继恒：《论生态环境保护优先原则》，《河南省政法管理干部学院学报》2011 年第 11 期。

［58］高德胜、钟世名：《可持续发展及其与生态伦理的关系》，《学术交流》2014 年第 3 期。

［59］徐双敏、罗重谱：《科学发展观视野下的环境治理策略——基于代内公平的视角与成本—收益分析法》，《长白学刊》2009 年第 5 期。